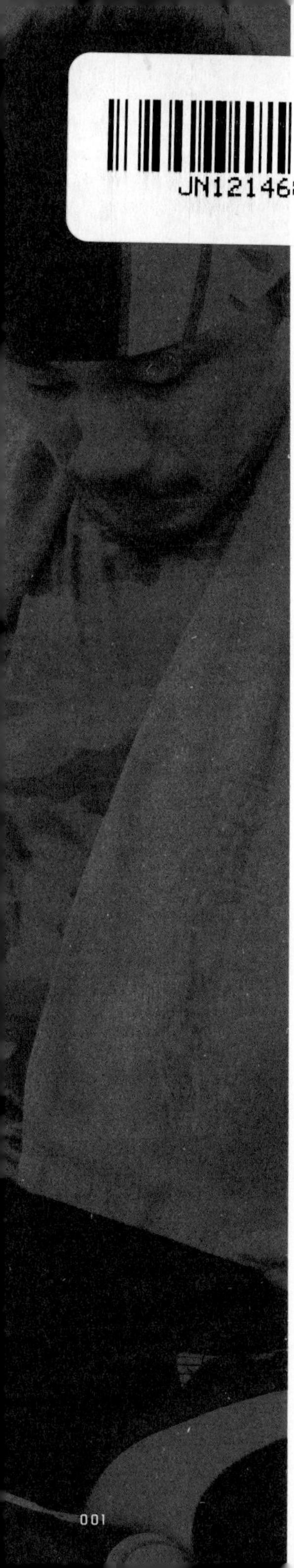

MINOGE

No 148

TOKYO RASSLIN' SHOW

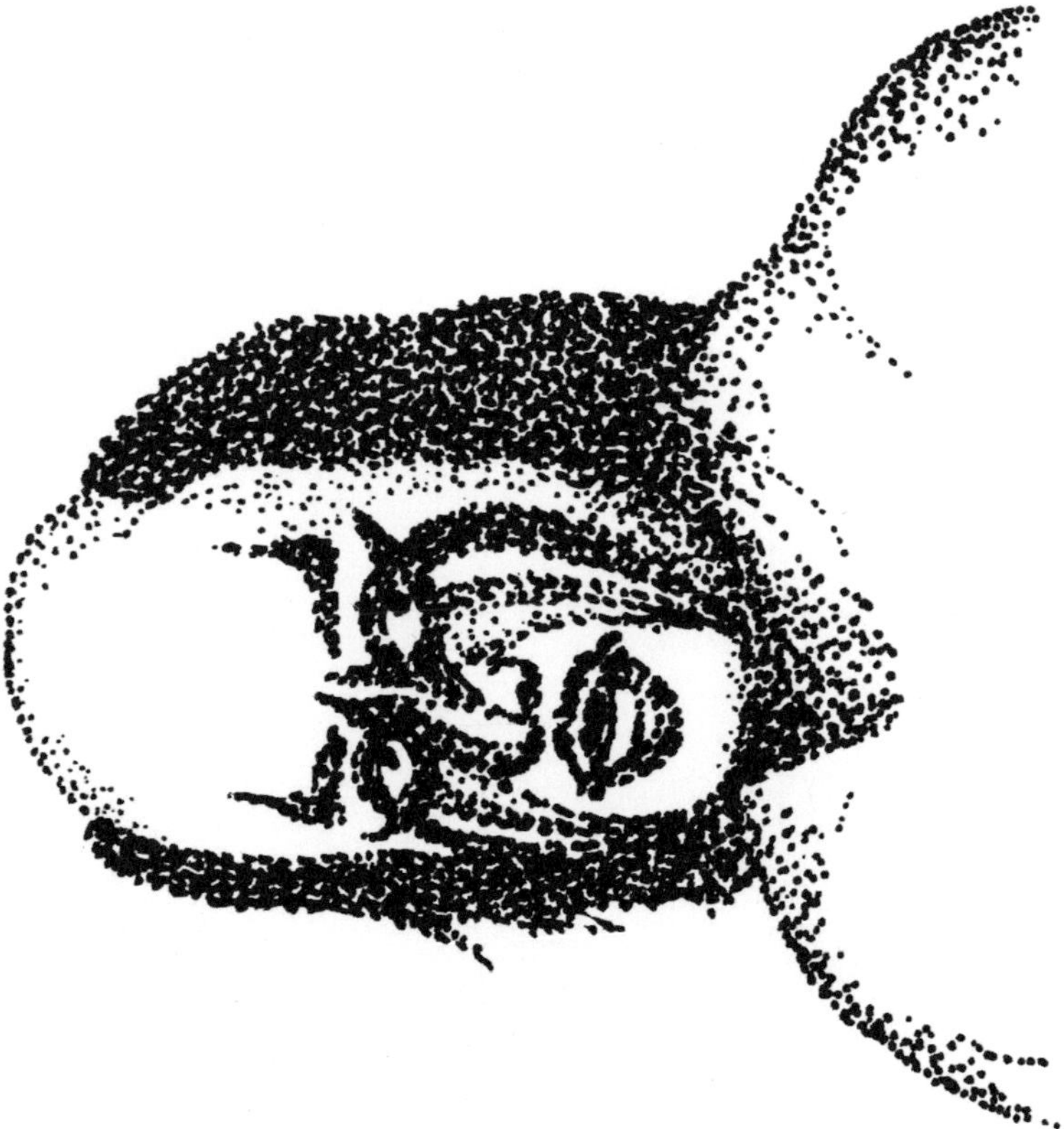

PETIT KASHIMA

俺の人生にも、一度くらい幸せなコラムがあってもいい。

VOL.147

『アイアンクロー』の日本版は誰か

プチ鹿島

プチ鹿島（ぷち・かしま）1970年5月23日生まれ。芸人。『教養としてのアントニオ猪木』（双葉社）好評発売中です。よろしくお願いいたします。

今月もプロレスについて考える悦びが多い日々だった。まずは4月5日公開の映画『アイアンクロー』（ショーン・ダーキン監督）について。私が中1のとき、デビッド・フォン・エリックが日本で死んだ。次期NWA王者候補と言われていた若きスターがなぜ？ あのショックは今も忘れない。新聞の社会面で知ったのだが地方紙にも掲載されたほどのニュースだったのだ。さらに『別冊ゴング』の詳報を食い入るように読んだ。棺の中のデビッドにブロディが涙を流しながらキスしていた写真を強烈に憶えている。その後のエリック一家に次々に起きたことも。これが実話に基づく作品だと知って驚く映画ファンも多いはずだ。

監督はこの作品について、《悲しみや苦しみの物語ではない。むしろ、悲しみの欠如と、人が自分の苦しみから目を逸らした時に、何が起こり得るかを描いている。》と述べている。さらに長年アメリカの文化に害を及ぼしてきた極端に歪められた男らしさなど、《近年僕たちがやっと理解し始めた考え方を掘り起こしている。》とも。

そう、エリック一家の物語はちょっと前までだったら悲話だけで描かれたかもしれないが、家族とは？を考えるアプローチは間違いなく「今」の映画であった。監督によればエリック一家はアメリカでは「スポーツ界のケネディ家」とも呼ばれてきたという。悲しみが続くという共通点の前に、大衆に愛された点が共通している。日本でこういう一家はあっただろうかと考えたら……あった、大相撲の若貴の花田家だ。

起きたケースは異なるが若貴もロイヤルファミリーのように注目を浴びていた（何せ入門するところからカメラで追われていた）。絶頂と幸福、ついには不穏な家族離散という展開はエリック一家と似ているといえば似ている。『アイアンクロー』は一番上の兄であるケビンの視点が中心となっており、弟たちが自分を抜いていくプロスポーツならではの切なさも描かれていた。

これも若貴では花田虎上（はなだまさる）の悲哀と似ていないか。映画を観ながら「花田虎上にこの映画を観てもらって『KAMINOGE』でインタビューしたらどうか?」と勝手なことを思いながら試写会の席を立つと井上編集長もいた。井上さん、そのうちアホのふりしてオファーしてください。

さて続いてのプロレスの悦びは2月18日におこなった「吉田豪×プチ鹿島『聞き出す力FINAL』刊行記念トークイベント」である。

吉田豪さん新刊のイベントなのだが、この日は「オードリー・東京ドーム」と同日だった。その裏でどれだけおもしろい興行ができるか?　これもプロレスで学んだことだ。新生UWFの東京ドームに対する全日本・天龍の札幌大会か、はたまた「夢の懸け橋」に対する天龍の後楽園ホールか。念のために言っておくとオードリー・東京ドームにはライバル心はないが（当たり前だ）、こういう興行もエンタメとして隅にあってもいい。うっかり誰かの心に残ってもいい。我々はそんなことができるのか?

プロレス心を試されたのである。

それでいうと『聞き出す力FINAL』は豪さんがインタビューを通じて得たものを読者も学べる内容なのだが、その術はプロレスというジャンルを通っているからこそ培われたことがわかる。この日にピッタリだった。

たとえば「予定調和にならず、相手が気を抜けばいつでも攻める緊張感を漂わせるべし!」（其の二十六）などは豪さんも例えるようにUインター的な試合そのものだ。

インタビューも観客（読者）がいる。予定調和こそが難敵だ。それをいかに超越するか。その一方で、豪さんのインタビュー相手に対するスタンスは「敵でもないけれど味方でもない、ただし、心を開いてちゃんと話してくれたら悪いようにはしないし、最終的にはプラスになるようにする」というスタンスでいるように心がけている（其の十）。まさにプロレスラーみたいな「試合」の迎え方である。私は紙プロ時代から吉田豪さんの書評などを読んできたが、一貫してプロレスで学んだことを仕事に応用する姿勢はプロレス者の成功者として挙げておきたい。

そんな豪さんと久しぶりにイベントをおこなったのである。もちろんぶっつけ本番だし、NGなしで挑んだ。相手にとって不足なしのメインイベント。心地よい緊張感があった。

トークでは「世間に舐められがちなものこそ真実があるんじゃないか」「舐められがちな媒体にこそ真実がある」というモノの見方でまず盛り上がった。社会的にもの凄くちゃんと言ってるような人ほど「アイドル」と「プロレス」では馬脚を露わすことがあるし、神は細部に宿ることがわかると。あと、盲信と否定の二択しかないのはもったいない、プロレスを通るかどうかで人生は差が出るのではないか、などこのジャンルを見てきたゆえの実感も語り合った。じっくり「プロレス」というフィルターを通して森羅万象を語り合えるのは幸運なことだ。

プロレスについて考えることは悦びであるとターザンは言ったが、プロレスからどう考えるか?も悦びなのである。

「キン肉マン」休載のお知らせ
今週の「キン肉マン」は原作者の嶋田隆司
先生が腰痛で入院のため休載いたします。
嶋田隆司先生に
はげましの
お便りを出そう!!
わかっとるわい!!
王子 はやく病院へ!
帝国の

ゆでたまごニュース
元気になあれ／嶋田先生!!
嶋田先生《しまだせんせい》がんばれ!!
今週の嶋田先生
根性の復活、

KAMINOGE
SHONEN JUMP'S CURSE

嶋田隆司

『キン肉マン』作者　漫画家・ゆでたまご原作担当

「1位を取らなきゃ漫画家じゃないとか、
人気のまま連載を終えるのがカッコいいだとか。
そういういろんな呪縛があったことで苦戦しましたけど、
それもいい経験だったんですよ。
あの時期、ボクたちは呪いにかけられていたけど、
あのときの紆余曲折、苦闘があったからこそ、
いまのゆでたまごがあるわけですから」

80年代『週刊少年ジャンプ』の
熾烈な"王位争奪戦"。
巨人たちが居並ぶ戦闘の最前線では
何が起きていたのか？

収録日：2024年3月12日　撮影：タイコウクニヨシ　聞き手：井上崇宏

Dr.スランプ
とりやまあきら

2024年3月1日、漫画家の鳥山明さんが急性硬膜下血腫で急逝した。享年68。

代表作である『Dr.スランプ』や『ドラゴンボール』は全世界で絶大な人気を誇っていただけに、国内だけでなく海外からもその死を悼む声が続々と届いた。

そして、ゆでたまご・嶋田隆司氏は、3月8日夕方、次のようなツイートをXに投稿する。

「昼間に鳥山明さんの訃報を聞いた。彼は歳は5歳上だが、キャリアはゆでたまごの方が1年先輩だった。同じギャグ漫画家ということもあり初めて『Dr.スランプ』を見た時はアメコミ風の絵と洗練されたギャグでえらいやつが出てきたなと脅威を感じました。アニメも連載一年目からきまってこんちくしょうと妬みもあり。本当にバチバチに仲がわるかった、私たちも連載4年目で『キン肉マン』はアニメ化になり、ますます彼とはライバル意識し口も聞かなくなった。しかし初期は仲が良く漫画家集まる宴会などではゲームしたり色紙のやり取りもしていた。でも鳥山さん68歳は若すぎるよ。悲しいよ、、謹んでお悔やみ申し上げます。 #鳥山明 #ゆでたまご」(原文ママ)

ライバルの訃報に接し、脅威と妬みを感じていたと告白し追悼する嶋田先生も、世界中で人気を誇る『キン肉マン』の作者なのだ。そんな巨人たちが同時代にいた80年代『週刊少年ジャンプ』の熾烈なライバル闘争、〝王位争奪戦〟はどのようにして生まれたのだろうか?

「ボクが記憶もないくらい酔っ払っていたときに『鳥山さんには負けたな……』って言ってたらしいんです」

――嶋田先生のツイートを見て、ひさしぶりに『生たまご ゆでたまごのキン肉マン青春録』(エンターブレイン・2009年刊行)を読み返したんですよ。自分も編集で関わらせていただきましたけど、あれは名著ですね。

嶋田 名著(笑)。あれはボクと相棒(中井義則・ゆでたまごの作画担当)が、それぞれ包み隠さずに自分たちの半生を語っていますからね。

――『キン肉マン』と『ドラゴンボール』の作者同士が、連載当時「バチバチに仲がわるかった」ということに驚いた人もたくさんいると思うんですよ。おもしろい漫画を世の中に届けようという、同じ志を持つ人たちの作業現場では、熾烈な競争が繰り広げられていたということですよね。

嶋田 まさにそうですね。それはとにかくジャンプの三代目編集長だった西村繁男さんが、漫画を連載するにあたって「アンケートで1位を取らないと漫画家じゃないよ」とおっしゃっていまして。ボクらは1978年、高校3年生のときに『キン肉マン』で赤塚賞の準入選を獲って、最初は読み切りがジャンプに載ったんですね。そのときにアンケートの速報というのが出るんですけど、ボクらが1位だったんですよ。そうしたら車田先生が怒って。

——人気絶頂だった『リングにかけろ』の車田正美先生。

嶋田　やっぱり〝リンかけ〟がずっと1位だったっていうのがあって、その週も最終的にリンかけが1位でボクらは2位だったんですけど、その速報の段階で「なんだ、その『キン肉マン』っていうのは！」って、むちゃくちゃ怒ったらしいんですよ。だから西村さんによって、1位至上主義っていうのが根づいていたんですよね。

——だから瞬間的とはいえ、新参者にいきなり1位を奪われたことに対して本気で怒っていたと。

嶋田　でもボクらは、アンケートの結果次第で連載の打ち切りとかが決定するということを知らなかったので、ピンときていないんですよ。そのあと正式に連載がスタートして、『キン肉マン』は1年目からけっこう人気があったんですけど、なかなか1位が取れなくて苦労して。だけど連載自体は好調で人気も安定していたので、編集の中野和雄さん（アデランスの中野さん）から「これ、間違いなく1年はいけるよ」と言われて安心はしていたんです。だけど、2年目で1回目の超人オリンピック編が終わって、アメリカ遠征編に移ったときにめちゃめちゃ読者から支持を得られなくて（笑）。

——ギャグ路線に戻したときですね。

嶋田　そこで中野さんに「キミたち、来年のお正月の表紙（の漫画家の集合写真）には載っていないよ」って言われて（笑）。

——子どもの頃から漫画が好きで、なりたかったプロの漫画家になれて、だけどおもしろい漫画を描くだけじゃなくて、横にいるライバルたちとの闘いも強いられることになったときは、どういうお気持ちだったんですか？　ボクは嶋田先生の性格的に、そこの闘いにも向いているんじゃないかとちょっと思っているんですけど（笑）。

嶋田　アハハハハ。まあ、負けん気が強いんで、はっきり言って向いているなと思っていましたね（笑）。毎週「こんちくしょう！」と思いましたから。ボクらが1年先輩だけど、5歳歳上なので「鳥山さん」って呼ばせてもらいますけど、鳥山さんが『Dr.スランプ』で出てきたときに「なんてアメリカンでポップな絵なんだ」と思って。ギャグも洗練されていておもしろかったし、正直「これは負けたな」っていうのがありましたね。当時、よく行っていた新宿のバーのマスターから聞いたんですけど、ボクが記憶もないくらい酔っ払っていたときに「いや、鳥山さんには負けたな……」って言ってたって。本当にボクらはアメリカ遠征編で苦戦してい

ROBIN

たときだったので、ずっと「ちくしょう……」って思っていましたね。

「ほかの漫画のクライマックスのタイミングを想像して、『キン肉マン』は前倒しでいいシーンをぶつけて潰しにいくんです」

――鳥山先生の出現に、今度は自分たちがあのときの車田先生と同じ気持ちを抱いてしまったんですね。

嶋田　そう、その通りなんですよ！　それで当時、西村さんは「絶対にジャンプの漫画はアニメ化しない」って言っていたんですよ。みんなアニメを観て満足して、雑誌が売れなくなるからという理由で。だから70年代前半に連載されていた『ど根性ガエル』『男一匹ガキ大将』と『荒野の少年イサム』、『マジンガーZ』とか数えるくらいしかアニメ化はされていなかったんですけど、『Dr.スランプ』は連載1年目にアニメ化になった。それにも「ちっくしょう！」ってなって。ボクらは1位を取ったことがないのに漫画のアンケートもずっと1位で。

――人気1位もアニメ化も先に達成された。

嶋田　だから鳥山さんって、本当に、なんていうか、絵は上手いんだけど漫画論がないというか、無手勝流でこの世界にやってきた人なんですよね。ボクらは子どもの頃から梶原一騎先生に影響を受けたりとかいろいろ下地があるんですけど、彼にはそういうものが何もなかったから、「こういうのを天才と言うのかな」と思って。それでそこから続々と、そのあと出てきた『キャプテン翼』や『北斗の拳』もみんなアニメ化されるようになって。

――もう、バチバチにならざるをえないような状況ですね。

嶋田　それでね、もう編集者同士もバチバチなんですよ（笑）。当時、ボクらの担当編集は二代目の松井（栄元）さんという人だったんですけど、編集者同士もお互いを凄く意識していたから1位を取るために情報戦ですよね。松井さんは、向こうの漫画がクライマックスに持っていくタイミングなんかをしらっと下描きの原稿を見ながらだいたい想像して、「何号にクライマックスを持ってくるよ、向こうは」ってボクらに耳打ちをしてくる。そこで『キン肉マン』は前倒しでいいシーンをぶつけていって、潰しにいくっていう。

――とにかく1位を取るために週ごとに躍起になって。

嶋田　そうです。1位の座が安定するなんてことはなかったですから。ボクたちがいつも打ち合わせをしていた高円寺の喫茶店は、よく原哲夫くんも担当編集者と打ち合わせをしていたんですよ。で、ボクらがいるとわかると帰るんです。で、逆だったらボクらも出て行きましたし。だから鳥山さんというよりね、担当編集も合わせてというか。鳥山さん本人と仲

ROBIN

KINNIKUMAN
SPECIAL PINS SET
キン肉マン
キン肉マン
キン肉マン
×
カズオ

が悪かったわけじゃないんですよね。

――要するに〝陣営〟ですね。陣営同士で仲が悪くなる環境っていう。

嶋田　そうそうそう。

――自分たちの作品を作り上げるということ自体が大変な作業で、そこでほかの作品のネタも意識しながら描くっていうのは、毎週がM－1グランプリみたいな感覚ですかね？

嶋田　そうです、そうです。

――当然ながら、ジャンプで連載している時点で、日本屈指のおもしろい漫画を描く人しかいないわけですもんね。そのなかで「1位じゃなきゃ意味ないよ」って言われる。本当に毎週M－1ですよね。

嶋田　だから、そんな舞台で3年目にやっと1位を取れたときは嬉しかったですね。「自分のピークはここやな」と心の底から思いました。

――大きな達成感があったでしょうね。

嶋田　で、そこからは1位を取れるようになったんですよね。でも『北斗の拳』とか『キャプテン翼』が追っかけてきて、鳥山さんがまた『ドラゴンボール』で出てきたから気の抜ける瞬間はいっさいない。毎週、3代目編集者の高橋（俊昌）さんと打ち合わせのときにとんかつ屋に行くんですけど、1位を取れなかった週は並のロースカツ定食で、1位を取った週は特上ロースカツ定食（笑）。

――徹底してますね（笑）。

嶋田　べつに毎週特上を食べられるだけのお金はあるんですけど、初めて特上を注文してもらったときはもの凄く嬉しかったですよ。それで中野さんが常々おっしゃっていたのは「漫画家というのは次のことを考えなきゃいけないし、いろんな武器を持っていなきゃダメだからどんどん試しなさい」と。それで1982年に『キン肉マン』を描きながら、試しで『闘将!!拉麵男』を描いてみたら人気があって、そうしたら『フレッシュジャンプ』という雑誌が立ち上がって、そこでも連載で描いていたんですけど。

――2団体所属みたいなことですよね。

嶋田　そうそうそう。ほかの人は全然そんなことをやっていないんですよ。そうしたら当然のようにボクは腰の調子が悪くなってきて。畳に座ってこたつで仕事をすることが多かったので、それでやっちゃいましたね。

「読者の子どもたちは、たとえ『キン肉マン』がなくなっても、ほかに似たような設定の漫画があればそっちでいいんです」

――1985年ですね。腰痛で3カ月の休載を余儀なくされて。

嶋田　ただ、中国拳法の漫画は『闘将!!拉麵男』が最初にやったわけですから、『ドラゴンボール』には絶対に負けないぞと思っていたんですよ。やっぱり鳥山さんにはブルース・リーとか香港映画を観ていたとかの蓄積がなかったですし。でも、ボクの腰痛が爆発したことで、そこでもうほかの漫画からの波状攻撃ですよね。

——そのとき、「よし、ひとり潰れたぞ！」っていうまわりの空気感をリアルに感じたんですね？

嶋田　まさにそう。そこで『ドラゴンボール』が天下一武道会を始めて、ジャッキー・チュンvs孫悟空。そして『北斗の拳』はトキvsラオウをぶつけてきた。そのときに西村さんがずっと言っていた、どうして連載を休んだらダメなのかの意味がわかりましたね。読者の子どもたちの気持ちというのは移ろいやすいものだから、たとえ『キン肉マン』がなくなっても、ほかに似たような設定があればそっちでいいんですよ。ボク、3カ月が経って復帰したときにはもう1位を取れなくなっていたんです。でも、それってさっきの情報戦じゃないけど、自分たちもやっていたことを、ボクが腰を悪くしたことによってやり返されたっていう。それは当たり前ですよね。自分もそうしてきたんですから。それはやられますよ。

——戦線離脱をしてしまった自分が悪いと。

嶋田　あのとき、いちばんは中井くんに悪いことをしたと思っています。だからいまだに「あのときは迷惑かけてごめんね」って言いますね。

——『キャプテン翼』の高橋陽一先生とは仲がいいですよね？

嶋田　陽一くんとは仲いいですね。

——そこの基準ってなんですか？　自分たち以外の作家さんは全員敵というなかで。

嶋田　陽一くんはなんでかな？　ジャンルがちょっと違うからっていうのはありましたよね。描いているのが格闘技漫画じゃないという。

——球技ならいいよみたいな（笑）。たしかに本当の格闘技でも、同じ階級の選手とは仲良くできないとかって言いますもんね。

嶋田　彼とは話も合うし、もの凄い意地っ張りっていうのもわかっていたので、そういうところも好きでしたし。だから連載引退宣言をされたときは悲しかったですね。やっぱりライバルがいるからやれているっていう部分も絶対にありましたから。鳥山さんが亡くなったことで、ちょっと心に穴が空いてしまったような感覚にもなりましたし。

——休載期間中はどんな気持ちでいらっしゃったんですか？

嶋田　「どうせまた戻ったらやっていける」と思っていたんですよ。ただ、そのあいだジャンプには王位争奪戦のダイジェストみたいなのを毎週載せていたんですけど、ほかの漫画を読むと焦りが出てきて寝られなかったです。それで当時、ジャンプでよく言われていたのは本宮ひろ志先生や車田先生のように「漫画家は最下位で終わるんじゃなくて、1位で最終回を描くのがカッコいいんだよ」っていう。

「水島新司先生が野球漫画を追求されたみたいに、ボクらはずっとプロレスでやっていればよかったんです」

――それがジャンプの美学。

嶋田　有終の美。『リングにかけろ』も最後、人気が1位のまま巻頭カラーで終わっているんですよ。ボクもそれに憧れていて、ずっと『キン肉マン』を描き続けたい気持ちはあったけど、「1位を取れなかったら漫画家じゃない」っていう西村さんの呪縛も受けていたし。じゃあ、もう『キン肉マン』を描くことを終えて、次の『ゆうれい小僧がやってきた！』をやってみようっていうことにしたんですよね。

――いま「呪縛」という言葉が出ましたけど、ジャンプから受けた教育と環境によって漫画家としての価値観を植えつけられて、その価値観が先生たちにとってはすべてだったわけですよね。

嶋田　そうです。「1位を取らなきゃ漫画家じゃない」、「人

気のまま連載を終える」。それとボクらが駆け出しの頃に手塚治虫先生がおっしゃっていた「3つの武器を持ちなさい」という言葉。要するに「異なるジャンルの漫画を3つ以上描けなければダメだよ」ということなんですけど、だからボクらは『キン肉マン』のあとに妖怪モノの『ゆうれい小僧がやってきた!』やロボットモノの『SCRAP三太夫』に挑戦したんですけど、うまくはいかなかった。その手塚先生の言葉の呪縛もありましたね。

——3つの武器ならぬ、3つの呪縛ですね。

嶋田　でも、いま考えたらほとんどの漫画ってジャンルが専門化されているじゃないですか？　水島新司先生が野球漫画を追求されたみたいに、ボクらはずっとプロレスでやっていればよかったんですよね。ただ、そういういろんな呪縛があったことで苦戦しましたけど、それもいい経験だったんですよ。あの時期、ボクたちはいろんな呪いにかけられていたけど、そういう紆余曲折、苦闘があって、いまのゆでたまごがあるわけですから。

——だから、いまの『キン肉マン』もある。嶋田先生はいまだに身体にダメージを受けているのが心配なんですよ。2012年に左足に大やけどを負ったり、最近は変形性膝関節症で右膝の手術をされていたり。飛び込んでくるニュースがいつもプロレスラーなんですよ（笑）。

嶋田　内臓は元気なんですけど、怪我が多いんですよね。柔術をやりすぎなんですよ。いい歳して試合に出て落とされますしね（笑）。やっぱり心残りがあって、昔、最初に正道会館の柔術クラスに通っていて小指を折ったりして編集に怒られたり、髙阪（剛）さんのところにグラップリングに行ったりしていて。その頃は柔術のおもしろさっていうのが正直よくわからなかったんですよね。それがあるときに「これは本当におもしろいな」っていうのがわかってきて、週2回、しかも2部練をやりだすんですよ（笑）。井賀孝先生にパーソナルをやってもらって、普通のクラスにも出てスパーリングを3本も4本もやっていたんですけど、そうしたら街でボクを見かけたウチの家内のママ友が「お宅の旦那、足を引きずっていたわよ」って。「あれ？　そういえばそうやな」と思っているうちにどんどん歩けなくなっていって。それで病院で診てもらうようになったら「人工関節か骨切り術しかない」って言われたんですよ。

——その骨切り術という手術法も、ニュースで読んでいて怖かったんですけど。

嶋田　そうですね。骨をくさび形で切って、人工の骨とプレートを入れて固めるっていう。人工関節はヒザがなくなるじゃないですか？　そのかわり治りが早いんですけど、やっぱり耐用年数というものがあって。まあ、ボクの歳だったらそれでも大丈夫だったんだろうけど、やっぱりまだまだ娘と思いっきりキャッキャキャして遊んであげたいなとか、また柔術もやりたいなとかいろんな気持ちがあって、あえて苦しいけど骨切り術にしようと思って。

「自分のピークについて考えてはみたけど、いろいろあったし、これからもまだまだあるんやろなって（笑）」

――本当にくれぐれもご自愛ください。先生はここまでずっと漫画家を続けられていて、いちばんの達成感はどの瞬間にあったんですか？

嶋田　まさに今日ね、そのことも話そうと思って来たんですよ（笑）。というのは最近、自分のピークってどこなのかなと思ってて。このあいだ、オードリーが東京ドームでライブをやったじゃないですか？　あれを観に行ったら、めっちゃめちゃお客が入っていたんですよ。もう猪木の引退試合よりも入っていたんじゃないかってくらい。天心vs武尊の『THE MATCH』のときも凄い数の客だなと思ったけど。

――オードリーのドームライブは、チケットが大争奪戦でしたからね。

嶋田　あのときに若林（正恭）くんが「俺たちはここがピークかもしれないな」って言っていたんですよ。それを聞いて「ピークか……。俺のピークはどこだったんだろう？」と思って。アンケートで初めて1位を取ったときは「死んでもいいいな」っていうぐらいの気持ちになったし、『キン肉マンII世』が始まって読者が戻ってきてくれたときも「ここでもう死んでもいい」っていうぐらい幸せな気分になれたんですよ。それとアメリカ資本で『キン肉マンII世』のアニメが『アルティメットマッスル』というタイトルで北米でも放送するとなって、ニューヨークのタイムズスクエアにあるトイザらスで記者会見をやったとき。もうアメリカじゅうから記者が駆けつけてきて、あの光景を見たときも「もういつ死んでもいい」と思って。

――「もう、これで死んでもいいな」と思えるほどの出来事が何度もあるっていうのは最高ですね。

嶋田　それと超人たちでやったプロレスイベントの『キン肉マニア2009』のときも。

――先生、あのあとの『キン肉マニア』ロスはしばらくひどかったですからね（笑）。

嶋田　ひどかった。ずっと放心状態。「いま、ここで死ぬのが幸せなのかな」って思った（笑）。『キン肉マン』のセカンドシーズンが始まって、『このマンガがすごい！2013』の第7位に入ったときもやっぱり幸せでしたし、それでまた今度『キン肉マン』のアニメ化が決まって、その出来がもの

凄く良くて、こんなことがまだあるんだなと思って。案外ね、最初に『キン肉マン』がアニメ化されて、キンケシが大ブームになって社会現象となった頃って、あんまりピークだとは思わなかったんですよ。忙しすぎて。

――スーパーのダイエーの前で子どもたちが列を作っていて、何をやってんだろうって思って覗いたら、ガチャガチャでキンケシが売られていたっていう。先生たちはキンケシの存在を知らなかったんですよね。

嶋田　知らなかったですね。それといまみたいにインターネットがない時代だから、読者の反応がダイレクトにわからないんですよ。唯一、超人募集のハガキだけ。あれが何万通って届くわけですから。

――下宿部屋がハガキの山になって、引っ越さなきゃいけなくなって。

嶋田　ハガキの重みで床が抜けてね。本当に案外、そのときは他人事のような感じ。だから映画化されたときに劇場にこっそり観に行ったら、ちびっ子たちが主題歌を大合唱していてね、あれはもう泣きましたね。なので、自分のピークについて考えてはみたけど、いろいろあったし、これからもまだまだあるんやろなって（笑）。しかし、まさかこの歳になるまでやっているのは子どもの頃は想像していなかったなあ。まず、昔は60歳を過ぎても仕事をやっているって思えなかっ

たですもんね。

――しかも幼馴染の中井先生とずっと一緒に。いま、おふたりはどういうスタンスで付き合っているんですか？

嶋田　ふたりでご飯を食べに行ったりしていますよ。

――ふたりきりでですか？

嶋田　はい。いちばんよくご飯を食べに行っていた時期はボクらは「空白の10年間」って呼んでいる、ジャンプから出て仕事をしていたとき。まあ、仕事はあったことはあったんですけど、そのうちの1年間くらいはまったく仕事がなかったことがあって、それで中井くんと「子どもの頃に戻ってさ、毎週ご飯を食べに行こうや」って約束をして、「キミの推薦する店に行って、その次は俺が推薦する店に行こう。そこでなんか知らんけど、昔話みたいなのでもしようや」って、毎週のように飯を食いに行ってましたね。で、昔のくだらん話をして。「あんなヤツおったな」とか。

「いまだに読者の反応に一喜一憂しているんです。評判が良かったら嬉しいし、悪かったらがっくり落ち込む」

――いまはどんな会話をしているんですか？

嶋田　1時間は仕事の話をギッチリしますけど、やっぱり昔話とかしてギャーギャー笑ってますね。「コン先生（コンタロウ）はどうしてるのかな？」とか（笑）。

――バンドのメンバーとか漫才コンビって、キャリアを重ねていくうちに仕事の現場以外では会わないようになるってよく聞く話ですよね。

嶋田　ああ。でもこれも仕事だけど、頭で考えた技とかを説明したり、改良したりするときに、ふたりで掛け合わないとできないですから。

――会わないどころかスキンシップがあるんですね（笑）。

嶋田　だって、学研の図鑑で『キン肉マン「技」』を出すってときに知ったんですけど、１４００の技を作っているんですよ。それはふたりで掛け合ってできたものですから（笑）。

――そのとき、お互いに「小学生の頃とは肌の質感がだいぶ違うな」とか感じますよね（笑）。

嶋田　感じますね（笑）。まあ、「中井くんに負けたくない」っていう気持ちがずっとありますよ。やっぱり中井くんはいまだに絵が凄くなっているから。じゃあ、それに対してボクはどうしたらいいかって言ったら、いい原作を書くしかないですって。

――中井先生もライバルのひとり。

嶋田　いまの担当編集さんから言われたことがあってね、「とにかく後輩の道標となるような人になってください」と。「60を過ぎてもまだ第一線でやってるんだぞって、その見本となってください」って。そう言われたらボクもカーッと熱くなってくる部分があるから、まだまだやれるなっていう。

——引退する自分、引退したあとの自分の姿が想像できない感じですか？

嶋田　そうですね。漫画をやらなくなったら、何をしていいかわかんないですもんね。なんて言うんだろ、いまだに読者の反応に一喜一憂しているんですよ。月曜日の0時にウェブで配信されたあと、SNSのタイムラインを見て、評判が良かったら嬉しいし、悪かったらがっくり落ち込みますし。あの時間帯がいちばん怖いですね。

——いまだにそんな感じなんですね。やっぱり〝現役〟ですね。

嶋田　それと、『週刊少年ジャンプ』でやりたいなっていう気持ちがまだあるんですよね。ジャンプって10年に1回くらい、29号を『キン肉マン』のために空けてくれているんですけど、やっぱりアンケートもいいんですよ。だから、またジャンプもやりたい。

——あのジャンプで連載していた時期を振り返ってみて、嶋田先生たちが得たものはなんですか？

嶋田　やっぱりライバルという存在ですね。ライバルがいて、彼らに負けたくないからずっと続けていたら、63歳になったという。自分の気持ち的には、井上さんがおっしゃったみたいに、ボクは負けん気が強いので、まわりに凄いライバルたちがいてよかったなというのが正直なところですね。特別な才能というか、特別な想いを持った人間が集まっていたから、やっぱりあの当時のジャンプは読み飛ばす漫画がなかったって、みんな言うじゃないですか？　読者投稿コーナーの『ジャンプ放送局』ですらおもしろかったんですから。だってアンケートで『ジャンプ放送局』に抜かれる漫画があったんだから。

——それはもう地獄ですよ！　本当に残酷な話です（笑）。

嶋田　ライバルと、ずっと応援してくれる読者のおかげですよ。でも最近はね、読者の人から「俺たちが死ぬまでやってください！」って言われるんですけど、「それは無理やろう」とは思っています（笑）。

嶋田隆司（しまだ・たかし）
1960年10月28日、大阪府生まれ。漫画家・ゆでたまごの原作担当。
小学校時代からの同級生である中井義則（ゆでたまごの作画担当）とともに漫画家を志し、高校在学中の1978年に『キン肉マン』で第9回赤塚賞準入選を果たす。これが『週刊少年ジャンプ』1979年2号（1978年12月）に掲載されてプロデビューとなった。この『キン肉マン』は大ヒットとなり、テレビアニメや劇場用アニメにも展開される。またキンケシ集めが子どもたちのあいだで大流行し、社会現象となった。その他代表作に『闘将!!拉麵男』『ゆうれい小僧がやってきた！』『キン肉マンII世』など。現在は『キン肉マン』の続編シリーズを集英社の『週刊プレイボーイ』「週プレNEWS」で同時連載中。

バッファロー吾郎Aの
ぎむコロ列伝!!

Buffalo GoroA

第147回 2024年2月の日記

バッファロー吾郎A

バッファロー吾郎A/本名・木村明浩(きむら・あきひろ)1970年11月24日生まれ/お笑いコンビ『バッファロー吾郎』のツッコミ担当/2008年『キング・オブ・コント』優勝

2024年2月の日記をココに掲載したい。メモ程度なので見直してみて「これは何だ?」というモノもあるので補足説明的なモノも入れてみた。誰も興味が無いと思うが暇つぶしにご覧いただきたい。

2月6日

大喜利ワークショップ『FunnyA』
四期生の卒業ライブ@ロフトX

四期生トーナメント優勝はペリカン。おめでとう。一般女性かつ初舞台で優勝を勝ち取った。大喜利を客席で見たことはあるがやるのはファニーAが初めて。大喜利も芸事も面白い人の解答や芸をたくさん見たほうが良いのかもしれない。ギース高佐賞はザ・ガール。こちらは一般女性でファニーA皆勤賞。成長速度は違うがどちらも入会した時より数段レベルアップしていた。いま大喜利界はマドンナ旋風が起きている。

2月11日

アーリークリスマスフリートークライブ&アーリークリスマス大宴会@BippAra
出演・バ吾A、R藤本、や団本間キッド

恵比寿のビッパラさんで二階建て興行。第一部は3人でフリートーク。第二部は3人でトーク&カラオケ大会。おかげさまでどちらも人気ライブだがどちらかというと第二部のほうが盛り上がる。

2月14日

ずんのやすさんと宮崎県へ。

ずんのやすさんの故郷である宮崎県へ二泊三日の旅。宮崎は生まれて初めてかも。宮崎の人はアルコール度数の低い芋焼酎で料理を楽しむらしくそれを実践。やすさんオススメの鳥料理屋さんの鳥刺しと芋焼酎のハーモニーが美味すぎ良太郎。

2月15日

宮崎二日目。

ソフトバンクホークスのキャンプを見学。平日なのに人が多く屋台も出店していてお祭りのような賑わい。人生初のプロ野球キャンプ見学は牽制球の練習だった。

バスで移動してエモー牛の直売所へ。ここで食べたハンバーガーが美味すぎ良太郎で過去イチだった。宮崎駅でやすさんを見送る。やすさんは仕事のため一泊二日。

2月16日
宮崎から帰京。
いい旅だった。

2月18日
ギャグラリー25
吉本さんの半鎖国状態により今回で一旦終了。お客さんからも出演者からも「続けて欲しい」とたくさんの方から言われて本当にありがたい。吉本さん以外の劇場では、他事務所の方との交流はOKなのでチャンスがあれば復活させたい。

2月19日
大腸ポリープ検査陰性。

2月20日
ハードコアチョコレート代表のMUNE氏と遊ぶ。
MUNE氏と五反田の立ち食い寿司で腹を満たしたあとに高円寺で水道橋博士さんと合流し山本竜二さんの『居酒屋竜ちゃん』へ。竜二さんの話がとても面白く博士さんとのトークセッションが楽しい。帰り際に入れ違いのように原田専門家に会った。

2月22日
歩子1GPグランドチャンピオン大会。
毎年審査員をやらせてもらっているが毎回クオリティが高い。駅で家にスマホを忘れたことに気づいて取りに帰ると本番に間に合わないので、一年前に行ったきりの現場へイチかバチか行ってみたら奇跡的に行けた。嬉しかった。

2月24日
コアチョコ映画祭へ。
ハードコアチョコレート主催のオールナイト映画祭のゲストに呼んでいただく。もう一人のゲストは水道橋博士さん。博士はこのトークのためにオモシロクナールやヨクスベール、さらに『偽自伝』という昔書いた本まで持って来てイジってくださり脱帽。ありがとう、いい映画祭でした。

2月28日
舞台『みなとの子』の打ち合わせ。
3月に神戸でやらせていただく主演舞台の打ち合わせを東京で。主役をやらせていただくにはまだ体調に自信がなく、一度お断りしたがどうしてもと言ってくださりありがたく引き受けさせていただいた。無事成功を祈る。

2月29日
中野富士見町トーク&大喜利の会
@ニューサンナイ
出演・せきしろ、R藤本、バ吾A
楽しすぎて一時間があっという間。ニューサンナイは俳優の山内圭哉さんがオーナーのステージ付きのバー。ステージや看板はご家族や仲間達とDIYで作ったそう。めっちゃやりやすい舞台だった。

姉さん、僕の2024年2月はこんな感じでした。

KAMINOGE GET YOU BACK

矢地祐介

総合格闘家

「自分の口から言うのは初めてだけど、
俺と密に絡んだ人ってみんなそこからグーッと上がって
いってるんですよ。 それってなんなんだろう、
そういうアシストの星に生まれたのかな？（笑）。
いまは俺のことを軽く見ているヤツらに
『見返してやる! ナメんなよ!』って強く思ってる」

いろんな報道で
定期的に世間を賑わせております。
渦中の“お祭り漢”に
アポを取ってから直撃してみた。

収録日：2024 年 3 月 10 日　撮影：タイコウクニヨシ　試合写真：©RIZIN FF　聞き手：井上崇宏
取材協力：LIT GYM TOKYO　東京都新宿区左門町 2-5 クニ四ツ谷ビル 3F

2023.10.18
2024.2.14
TWINS

KYORAKU

「追いかけられてます。3日前も俺が練習を終えて、ジムを出た瞬間に記者の直撃みたいなのが来たんですよ」

――現在、3月10日の16時ですね。あのー、矢地さんにはこれまでもちょいちょい『KAMINOGE』に出ていただいていますけど。

矢地 はい。いつもありがとうございます。

――わかってますよね？

矢地 えっ？

――わかってますよね？

矢地 何がですか？

――私の職業を。

矢地 わかってますよ。

――こう見えて記者です（笑）。

矢地 記者なの？ ライターとか編集者じゃなくて（笑）。

――得意ジャンルは芸能系です。

矢地 まったく芸能とか詳しくないじゃん！ だけど、たまに出る俺にまつわるいろんなニュースが、じつは井上さん発信で巻き起こっているんじゃないかって、いつも俺は一瞬だけ思いますからね。一瞬ね（笑）。

――そんなこと、本当に冗談でも言ってほしくないんですけど、こっちはこっちで「そう思われていたらどうしよう？」って毎回一瞬だけ思っています（笑）。でも「んなわけないよなー」ですよね？

矢地 もちろん、もちろん（笑）。

――よかった（笑）。あー、ビックリした。だから、そういうタイミングのときに全然関係ない用件で矢地さんにLINEをして、なかなか既読がつかなかったり返信がないときは「えっ、もしかして怒ってるのか!?」って不安に陥っています（笑）。

矢地 なんで（笑）。じゃあ、お互いにそうやって被害妄想じゃないけど。

――被害妄想じゃなくて加害妄想ですね。「俺、悪気なく何かやらかしたっけ？」っていう（笑）。

矢地 そっか。どちらかと言うと加害者側か（笑）。じゃあ、加害妄想と被害妄想でちゃんと関係性が成り立ってるんですね。よかった、よかった。やっぱお互いにそう思っていたんですね（笑）。

――俺のは冗談だよ!!（怒）。いままでそんなふうに思ってたんか！（笑）。

矢地 なんで急にハシゴを外すんですか。一緒に楽しく登ってたのに（笑）。

――アハハハハ！ 昨今はブームと言って差し支えないくら

い格闘技界も盛り上がっていて、那須川天心とか朝倉兄弟みたいに格闘技に興味がないって人でも知っているという選手がいますけど。ある意味、矢地さんも格闘技ファンではない人からも知られた存在じゃないですか。

矢地　まあ、そうですかね。地上波でも試合を流していただいた時代もありましたからね。1、2試合ほど（笑）。

——いやいや、そういう意味ではなく。最近、またちょっと追いかけられてるんですか？

矢地　あー。追いかけられてますね。3日前もマジでビックリしたよ。俺が練習を終えて、ジムを出た瞬間に記者の直撃みたいなのが来たんですよ。そもそもその日は、俺はジムに着いた瞬間からおかしいなと思っていたんですよ。ジムの目の前に駐車場があるんですけど、あきらかに変なクルマが停まっていたんですよ。

——えっ、変なクルマってどういうクルマですか？

矢地　いつもは見たことのないクルマで、みんなケツから駐車してるのに、こっちを向いてるし。で、車内に人がいて、その人と目が合うし。まあ、それがまさか自分のことを追ってるとは思わないから、べつに気にしていなかったんですけど、結果、ジムから出たら突然の来襲ですよね。

「これまでは良くも悪くも『ちゃんとしよう』っていうふうに過剰に思っていて、そう振る舞っていた部分があった」

——「最近出ている報道について一言ください」みたいな？

矢地　でも、何か聞かれても答えようがなくないですか？　最初から何も認めていないんだし、否定もしていないから。

——そこで「最近はどうなんですか？」みたいな会話が成立しないというか。

矢地　そう。言ってみたら、存在していないかもしれない話じゃないですか。べつに世間に向けて何か発信したこともなければ、オフィシャルで発言したことがあるわけでもないし、プライベートのこととかは俺のみが知るわけで。だから話すことなんてないんですよ。

——以上？

矢地　うん。

——じゃあ、パンケーキでも頼んで食うか（笑）。

矢地　ちょっと待って！　この話だけ聞きに来たの？（笑）。

——アハハハハ！　冗談ですよ（笑）。

矢地　冗談か。マジで芸能記者じゃんって思っちゃった（笑）。いや、だから俺はべつに近況も環境も何も変わらないですよね。ファイターとしての俺はそう思います。ただ、まわりは

どう思っているかは知らないし、ＲＩＺＩＮがどう思っているかも知らないし、世間がどう思っているかも知らないし、俺の知人たちがどう思っているかも知らないですけど。でも、なんか俺、どんどん自然体に戻りつつあるんですよ、最近。

——それはプライベートの各場面でですか？

矢地　いや、プライベートだけじゃなくて、すべてにおいて。これまでは良くも悪くも「ちゃんとしよう」っていうふうに過剰に思っていて、そう振る舞っていた部分があったんですけど、それがなくなってきたというか。

——たとえばですけど、信号無視できないとか。「まだ黄色だけど、誰が見てるかわからないからここは渡るのやめておこう」みたいな。

矢地　そうそう（笑）。「俺はもう信号無視だってしちゃうぞ!?」っていう。無視しちゃダメなんだけど（笑）。これまでもずっと自分らしく生きてきましたけど、さらに自分らしくっていう。試合で勝ったばかりだからなのか、今日のこの透き通った冬空のせいなのかはわからないですけど（笑）。

——このあいだ矢地さんから聞いて意外だったのが、「生まれてこのかたモテたことがない」と。

矢地　ないですよ。小学生の頃は超モテたけど、それは子どものときの話だし。

——小学生ならではのモテ。

矢地　もうね、高学年ぐらいになると、地元の祭りとかに行ったら、かならずひとりふたりの女のコにずっとついてこられるみたいな。なんかファンクラブがあったとかないとか。そういう話があるぐらい小学生のときはモテてて。それで会う人みんなから「矢地くん、絶対にジャニーズに行ったほうがいいよ」って超言われてました。

——そっち系の顔だったんですか？

矢地　うん。かわいかったですね。

——かわいいルックスで運動神経抜群。

矢地　うん。足がめちゃめちゃ速くて、ちょっと明るくて活発で、目立ちたがり屋で、みたいな。本当にモテたっすね（笑）。

——なのに、それが中学に上がったときにはさっぱりになるんですか？

矢地　さっぱりっすね。やっぱ成長が遅かったんで身体も小さかったし、下の毛が生えたのが中3とかだし。ずっとガキンチョでモテなかったっす。引き続き足も速いほうでしたけど、１００人くらいいてトップ5くらいで、いちばん速くはなかったし。

——中学生ともなると足が速いだけでモテるはないですよね。みんなを爆笑させる一発ギャグを持ってたとかもなかったでしょ？（笑）。

矢地　なかったっすね。飛び道具なし（笑）。
――矢地さんは中学まで野球をやっていたんですよね。
矢地　そうですね。クラブチームで。それで野球を引退してからはずっと格闘技で。
――それで高校は専修大学の附属に入って。
矢地　もう高校時代はマジで冴えないヤツだったと思う。もう目立つようなことをするタイプでもなかったし、クラスのヤツらとは仲良くしてましたけど、クラス以外のヤツとはべつに交流もしていなかったし、遊びもほぼしない。終わりのチャイムが鳴ったら、いの一番でダッシュして電車に乗って、いったん家に帰ってからジム（ＫＩＬＬＥＲ ＢＥＥ）に行くっていうのがほぼ毎日だったんで。そんな派手な学生生活とかではなかったですよね。ただ、目立ったヤツらからは好かれてましたよね。俺が格闘技をやってるっていうことで近寄ってくる感じで。

「俺が生まれて初めて
彼女ができたのは大学1年のとき
なんですけど、相手は高校3年間
ずっと好きだったコだったんです」

――一目置かれていたと。
矢地　そう。それでそいつらと仲良くなってみたいな。いまだにそいつらとは交流がありますし。
――その頃からプロになる気があったということですよね？
矢地　うん。最初はＫ－1とかを観ていてキックボクサーになりたかったんですよ。だから中学校のときに「プロキックボクサーになる」って進路を出して、担任に「（笑）」みたいな感じで対応された記憶がありますね。中3で格闘技を始めた頃からプロにはなりたかったですね。
――矢地さんが高校の頃は何が流行ってたんですか？
矢地　Ｋ－1、モー娘。、ミニモニ（笑）。
――好きな芸能人とかいたんですか？
矢地　俺はべつに誰も好きじゃなかったですよ。アイドルとか歌手とかは昔からまったく興味がなくて。もちろん人並みには知ってはいましたし、なんとなく好きだなーはありましたけど、べつに誰のファンとかはなかったですね。
――それで漫画も読まないし、音楽も聴かないし。
矢地　漫画を読まない、音楽も聴かない。
――映画も観ない？
矢地　映画も観ない。
――じゃあ、矢地さんのなかではＫ－1だけが流行ってた（笑）。
矢地　俺のなかではめちゃくちゃ流行ってましたよ。もちろんＰＲＩＤＥも好きだったし。

――いちばんお気に入りのファイターは誰でしたっけ？

矢地　俺はミルコ・クロコップ。

――やっぱり、あの白さをいまだに追求していますよね（笑）。

矢地　俺、そこにあこがれてたんだ（笑）。ミルコは大好きでした。

――学校で好きな女のコとかいたんですか？

矢地　いました。いたけど叶わずで。ずっと彼氏がいるコだったから告りもしなかったんですけど、本当に学年で1、2を争うくらいのかわいいコで。

――そのコのことを3年間好きだったんですか？

矢地　3年間ずっと好きでしたね。で、俺が生まれて初めて彼女ができたのは大学1年のときなんですけど、そのコと付き合ったんですよ。

――えっ、初めての彼女がずっと好きだった人!?　同じ専修大に進学していた？

矢地　そう。それまでまったく見向きもされていなかったのに、大学1年になって急に向こうからコンタクトを取ってきて仲良くなって。「好き！　好き！」って感じのアピールをしてきて、それで付き合ったっすね。

――しかも向こうから。格闘技くらいしか興味のない矢地少年が、初めてできた彼女と何をするんですか？

矢地　いやでも、それなりに遊んでましたよ。デートしたりとかして。

――どこにデートに行くんですか？

矢地　何をしたかな？　映画を観に行ったりとか。

――映画は観ないのに（笑）。だからデートのための映画ですね。

矢地　だから何を観たかとかまったく憶えていないし（笑）。もっぱら一緒にメシを食いに行ったりとかじゃないですか？大学生だし。

「一時期、まわりのみんなからも言われていましたね。『矢地と絡むと、みんないいことあるよね』って。仕事でもプライベートでも」

――そこで楽しいおしゃべりをして。

矢地　あとは家に行く、こっちの家に来るとか。旅行とかも行ったっけなあ？　憶えてないですね。でもまあ、ちゃんと人並みの恋愛活動をしていましたよ。

――そのコとは何年くらい続いてたんですか？

矢地　それは2年いかないくらいだったと思いますね。

――どんな感じで終わったんですか？

矢地　俺にとっては初めての彼女で、しかもずっと好きだったコじゃないですか。向こうは高校のときから彼氏がいたりしたけど俺は超ウブだったから、やっぱりそこでの温度差というか感覚の違いがかなりあって。それで結局最後、たぶん俺がうわーってなって。

――ぶっ壊れた。でも恋愛ってそういうのが醍醐味ですよね（笑）。

矢地　そうなのかなあ。それで別れるとなったけど、でも俺は別れたくなかったんですよ。だからしばらくずっと別れる、別れないの話し合いばっかりしてて、結果的に俺が説得し切って「じゃあ、これからも仲良くやっていこう」ってなったんだけど、どうやら向こうはそうは言ったものの、じつはやっぱり別れたいと。それでまあ、そこから激しくいろいろあったんですよ。

――ひと雨、降ったんですね。

矢地　豪雨ですよ、もう。だって途中、○○もちょっと介入みたいなことにもなって。

――えーっ！

矢地　いや、なんかもう、いま思い出して、こうして話してるだけでもつらいですよ。だからもう聞かないで（笑）。あのときはヤバかったよ、マジで。俺はもう本当に純粋だったから、「なんでそうなってるの？」ってことばっかでしたね。でも、結局あっちにその気がないってわかったから、俺もだんだん落ち着いてきて次に進んだんですけど、最初の恋はそんな感じで終わりましたね。

――青春ですねえ。ダサくて、甘酸っぱくて、激しくて、いいですねえ（笑）。

矢地　でも俺は意外とドライだから、そこまで激しくやってても、完全に終わったとなるともうパチンって気持ちが切り替わっちゃうんで、まったくなんともなくなっちゃうんですけど（笑）。

――それも想像がつく（笑）。でも、初めての恋愛がそんな感じだと、「女のコってこういう一面もあるんだな……」ってなりますよね。

矢地　あー、なるなる。なった。その大恋愛のあとにもひとり、ふたりと付き合ったんだけど、それもそんなに長続きすることなく別れちゃって。それで大学を卒業したくらいのときにまた高校の同級生だった別のコと付き合うんですよ。そのコとは同棲もして、結婚もしようぐらいの感じだったんですよ。

――へえー。同棲っていうのは、どっちかの部屋に転がり込んだ感じ？

矢地　いや、ふたりで部屋を借りて住んでいたんですよ。でもそのときは俺も若くて血気盛んだから、そのコを裏切ることをしちゃって。で、それがバレて、別れるってことになったんですけど、そんな感じで俺が傷つけてしまったから、愛

GLOBAL

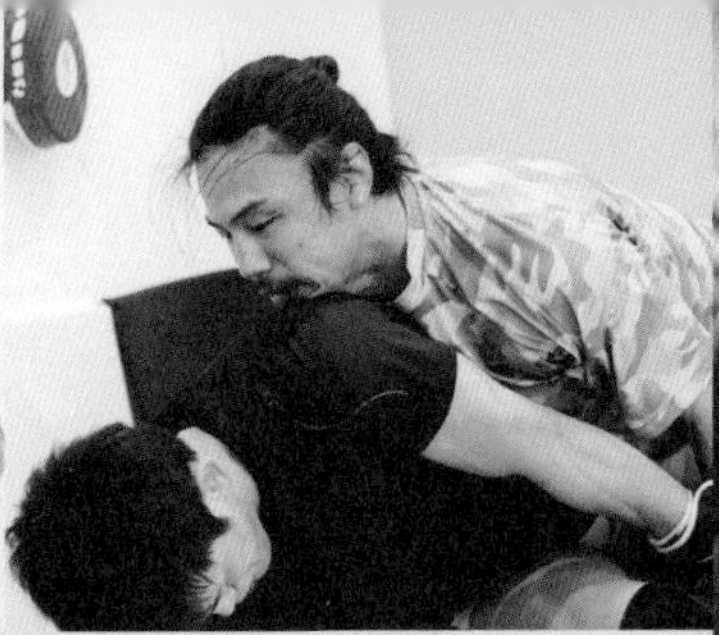
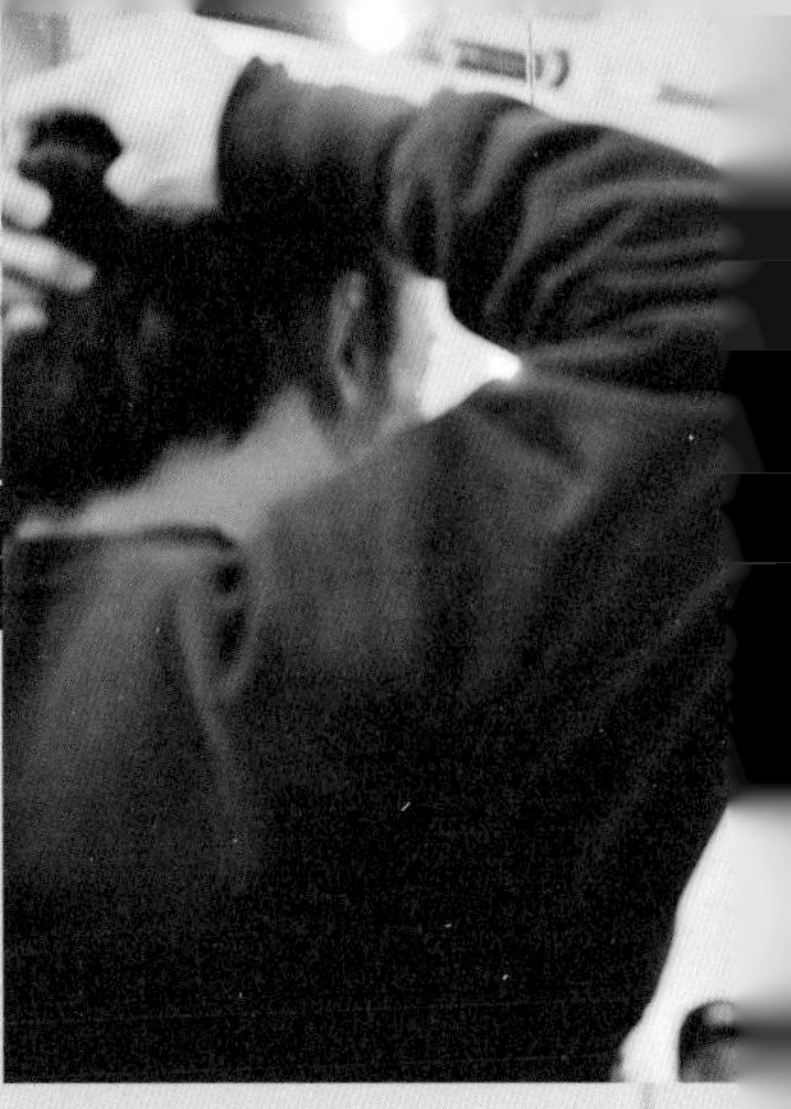

が憎悪に変わるじゃないけど、まあ、そのときも◯◯が介入する感じになっちゃって。

——えっ、またしても!?　でも、なんかそういう男いますよ。女性の内面に秘められた感情のポテンシャルをマックスで引き出すヤツ。

矢地　いや、それで言ったら、俺はいまでも試合で相手のいいところを引き出しちゃうんで（笑）。

——たしかに！（笑）。

矢地　相手のいいところを全部出させるっていう試合が多くないですか？　五味（隆典）さんとの試合とか。みんなが相手を応援したくなる試合をしちゃうというか（笑）。相手の株を上げるような試合をずっとしていますよね。

——それってなんなんですかね？　いわゆるアゲチンなのかな。ちょっと違うか（笑）。

矢地　いやでも、それは正直ね……たぶんそうなんですよ。これまで俺と密に絡んだ人って、みんな俺と絡みだしてからグーッと上がっていってるんですよ。これはマジで。

——それこそ朝倉未来も、矢地戦で格闘家としてブレイクしていきましたからね。たしかに矢地さんまわりで、パッと思いつく人が何人もいる。でも、ワシは……？（笑）。

矢地　いや、ワシはもう出会ったときにはキャラクターが完成されてたから（笑）。でも、そうなんですよ。それは一時期、まわりのみんなからも言われていましたね。「矢地と絡むと、みんないいことあるよね」みたいな。仕事でもプライベートでも。

「俺が自分のことを大きく見せようと思わないのは、ここ数年でいろんな凄い人たちと出会ったからかも。上には敵わない人たちがいる」

——そういえば去年の大晦日、会場でばったり会ったグスタボの矢地さんへの懐きっぷりも凄かったですよね（笑）。
矢地　たしかに！（笑）。俺にとってはリベンジしなきゃいけない相手だから絡みたくないのに。
——「俺たち、あと5試合はやろうね」みたいな雰囲気を出していましたよ（笑）。
矢地　アハハハハ！　それってなんなんだろう……。そういうアシストの星に生まれたのかな？（笑）。
——アシストの星！（笑）。矢地祐介にアシストしてもらって上がっていったみんな、ずっと感謝を忘れんなよー！
矢地　試合の相手はさておきだけど、そこでうまい人とかだと自らの存在感とか功績もまわりにわからせつつ、人を上げていくじゃないですか？　俺にはまったくそういうのがないから、損してるなとは思う（笑）。

――まあ、ナチュラルにやっていることですもんね。

矢地　ヨコシマな気持ちがあってそういうことをしているわけじゃないから、だからまあ、べつに。いつかは自分にも返ってくるだろう、報われるだろうっていう（笑）。本当にそうなんだよなあ。こうやって公で自分の口から言うのは初めてだけど、俺にはそういうところがあるんですよ。絡んだ人のことをみんな上げちゃう。

――恋愛も一途だし。

矢地　だからそんなに付き合った彼女の数も多くないし、ちゃんと付き合ったら一途になるんですよ。まあ一度だけ相手のコを裏切って傷つけちゃったことはありますけど、それは若気の至りということで。基本的には当たり前だけど、裏切ったりすることはカッコいいとは思わないんで。相手の嫌なこともしたくないし。

――矢地さんは格闘家のなかで本当に珍しいタイプですよ。

矢地　どういう面がですか？

――欲望に身をまかせてギラギラ、ガツガツしていないし、まったく自分を大きく見せようとしていないし。それは良くも悪くも。

矢地　良くも悪くもですよね。本当に自分でもそう思います。でも変に見栄を張っちゃったり、着飾ったり、ウソついたりっていうのがマジで嫌なんですよ。ここ数年はそういう気持ちがさらに強くなっていて、俺が自分のことを大きく見せようと思わないのは、やっぱりいろんな凄い人たちと出会ったからかも。そこで世界を知ったというか。

――それはほかのジャンルで活躍をしている人たち？

矢地　そうそう。そういうことだと思う。自分をいくら大きく見せたところで、上にはもっともっと敵わない人たちがいるっていうことを知りましたね。それはお金とかの面でもそうだし、凄い才能を持った人たちが世の中にはいっぱいいるってことを知っちゃったから、「俺はもう等身大で生きよう」ってなりましたね。どれだけ着飾ったってその人たちには敵わないし、社会的にその人たちよりも強くなれるわけでもないし。とにかくいろんな人を見てきて、カッコいい人もいっぱいいたし。そういう意味では、大人としてのマナーみたいなものもここ数年で学びましたね。それこそ人と会うときは手土産を持って行くようになったりとか、そういうことが自然とできるようになりましたね。

――前はもうちょっとふざけてましたよね。ビートたけしのモノマネをやったりとかして（笑）。

矢地　あー、やっぱ無理していたんでしょうね。

――えっ、どういうこと？

矢地　自分をおもしろく見せようとか、楽しませようっていうので無理していたんじゃないですか？　そんなのいまは絶

矢地がいつも打撃の練習をおこなっているLIT GYM TOKYOは、矢地とは高校の同級生にあたる宮川峻が代表を務めている。高校時代の矢地がいかにイケてなかったかを知る人物だ。

対にやらないもん。やりたくもない。

――アハハハハ！　たけしのモノマネを無理してやってくれていたんですか？（笑）。

矢地　たぶんそうですよ。昔は「この人によく思われよう」みたいな部分でがんばっちゃうところはありましたよね。それこそ、いろんな面で。

――まわりの人のことはどんどん押し上げていって、自分自身はどんどん自然体になっていくって、まあまあ悪くない話ですよね。

矢地　たしかに。でもそうしているうちに、選手からも関係者からもどんどんナメられると（笑）。だから正念場ですよ。いまは俺のことを軽く見ているヤツらに対して、「見返してやる！　ナメんなよ！」って強く思っていますね。あっ、これ、格闘技に関してはですよ？（笑）。

矢地祐介（やち・ゆうすけ）
1990年5月13日生まれ、東京都文京区出身。総合格闘家。フリー。
中学生からKILLER BEE（のちのKRAZY BEE）で格闘技を始め、2008年の全日本アマチュア修斗選手権ライト級で優勝。修斗環太平洋ライト級王座、PXCフェザー級王座を獲得し、2016年12月29日の旗揚げからRIZINに参戦を果たす。マリオ・シスムンド、ダロン・クルックシャンク、北岡悟、五味隆典、ディエゴ・ヌネスと対戦して5連勝をマークするが、2018年8月12日『RIZIN.12』でルイス・グスタボにKO負けを喫してRIZIN初黒星。その後もジョニー・ケース、朝倉未来に敗れて3連敗となるが、2019年12月29日『BELLATOR JAPAN』で上迫博仁をKOして連敗を脱する。その後、川名TENCHO雄生、武田光司、ボイド・アレンらに勝利するも、ホベルト・サトシ・ソウザ、大原樹理、そしてルイス・グスタボとの再戦で敗れてしまう。だが2022年10月のボイド・アレン戦、2023年6月のザック・ゼイン戦、そして2024年2月24日、『RIZIN LANDMARK 8』での白川陸斗戦にいずれも勝利して3連勝中。5月17日（現地時間）にはフランス・パリで開催される『BELLATOR CHAMPIONS SERIES PARIS』にてマンスール・ベルナウイと対戦することが決定している。

 © 山内猛

プロレスがわかれば世の中が、
そして世界が見えてくる。

斎藤文彦 × プチ鹿島

活字と映像の隙間から考察する

プロレス社会学のススメ

司会・構成：堀江ガンツ　撮影：橋詰大地

第50回

映画『アイアンクロー』は何を描いているのか

当コーナーでも話題にしていた映画『アイアンクロー』が4月5日から日本でも公開となる。

プロレス界の伝説にして〝呪われた一家〟と呼ばれたエリック・ファミリーの実話を映画化。1980年代初頭、元AWA世界ヘビー級王者の〝鉄の爪〟フリッツ・フォン・エリックに育てられたケビン、デビッド、ケリー、マイクの兄弟は、父の教えに従いプロレスラーとしてデビューし、プロレス界の頂点を目指していた。しかし、世界ヘビー級王座戦への指名を受けた三男のデビッドが、日本でのプロレスツアー中に急死したことを皮切りに、エリック家は次々と悲劇に見舞われていく——。

今回は本作公開を記念して、エリック一家のヒストリーをマニアックな視点から語ってみたい。

『アイアンクロー』は一家の栄光と挫折の物語なんだけど、プロレスのビジネスとその現実にもしっかり踏み込んでいる」（斎藤）

——いよいよ4月5日、日本でも『アイアンクロー』が公開されるということで、今回はこの映画も含めてエリック一家について語っていこうと思います。フミさんも鹿島さんも、試写はご覧になられたんですよね？

鹿島　先週、観てきました。

斎藤　ボクは試写会で2回観てきました。1回目はできるだけ〝無〟の状態で作品と接することを心がけて、2回目は画面上のディテールと細かい描写の確認のために。

鹿島　そもそも〝呪われた〟エリック一家の物語がハリウッドで映画化されるっていうのを昨年聞いたとき、興奮しましたよ。「よくぞこれに気づいてくれた」って。

斎藤　エリック・ファミリーの物語はこれまでも何度か映画化の企画がもちあがって、

実際、テレビではドキュメンタリー番組が制作されたことはありました。でも映画は企画段階でたびたび立ち消えになっていたのですが、今回は監督・脚本のショーン・ダーキンが「どうしても撮る」と強く主張したことでようやく実現した作品なんです。

鹿島　プロレスを題材にした映画となると、当たり前のことですけど、監督、脚本家が、どれだけプロレスに対して思い入れがあるかで全然違いますよね。

斎藤　5人兄弟が次々と不幸な死を遂げていくというストーリーであるならば、もっとスキャンダラスな、ホラーやミステリーに分類されるような作品になっていたかもしれない。でも、この映画はそうじゃなくて、家族、兄弟愛、親子の絆と葛藤、運命といった普遍的テーマを問う作品になっていた。

鹿島　80年代のアメリカ・テキサス州を舞台にした物語ですけど、強き父親の呪縛が描かれていたじゃないですか。日本で言うところの家父長制との闘いや、マッチョイズムとの闘いみたいなものもちゃんと描かれていて、いまにふさわしい映画だと思いましたね。

――単なる「プロレス映画」ではまったくないですよね。

鹿島　それでありながら、元レスラーで団体の社長であるフリッツ・フォン・エリックにも、フリッツなりの悩みを抱えていたりして。プロレスビジネスの話もちゃんと描かれていて、おもしろかったです。

斎藤　『アイアンクロー』はプロレス映画ではなくて、家族の物語であり、一家の栄光と挫折の物語なんだけど、もちろん、プロレスのビジネスとその現実にもしっかり踏み込んでいた。父フリッツはプロモーターで興行会社のオーナー社長というポジションで、実の息子たちを一座の主役として使っているという設定もきっちり描いていた。NWA本部で権力を握っているサム・マソニックの存在も出てきて、当時の〝中央〟だったミズーリ州セントルイスと、エリックランドのテキサス州ダラスの関係も描かれていましたね。

鹿島　NWA世界王座をめぐる政治力の駆け引きという側面ですよね。

斎藤　ビンス・マクマホンのWWE（当時WWF）が世界征服したあとのプロレス界ではなくて、テキサスにはテキサスのプロレスがあり、ミズーリにはミズーリのプロレスがあるという地方分権テリトリーの最後の時代ですね。そしてハーリー・レイス、リック・フレアーというNWA世界ヘビー級チャンピオンが、セントルイスから敵地ダラスにやって来るという時代性にリアリティーがあった。

――フリッツは息子たちにNWA世界王座を獲らせることに執心しますけど、あれは「テキサスにベルトが来る＝我々が権力を握る」ということなんですよね。

斎藤　少なくともNWA体制内での実権を握ることを意味します。でも実際の史実では、フリッツは1975年夏からNWA会長を1期だけ務めたことがあったんです。でも、なんらかの理由でその座をハク奪されてしまったのでしょう。それで、その後はカンザスのボブ・ガイゲル、フロリダのエディ・グラハム、ノースカロライナのジム・クロケット・ジュニアらにNWAの実権を持っていかれてしまった。

鹿島　プロレスビジネスの浮沈が、家族の運命を握っていたからこそ、NWA世界ヘビー級王座にこだわったという。

斎藤　これもまた史実では、ダラスのトップタイトルはNWAアメリカン・ヘビー級王座だったのですが、この映画ではルーキー時代のケビンがテキサスヘビー級王者ということになっていました。つまり、〝テキサス〟の上に〝世界〟があるという図式をわかりやすくしていた。

鹿島　エリック兄弟は長男のジャックJr.が幼いときに亡くなったため、ケビンが長男の役目を果たさなければならなくなったわけじゃないですか。この映画はそのケビンの視点で描かれているのもよかったですね。

斎藤　ケビンは結果的に兄弟のなかでひとりだけ生き残ってしまった。そのケビンの視点から、父フリッツや兄弟のたどった道を描くというのが凄くわかりやすかった。

「ボクは『アイアンクロー』を観て、若貴を思い出しましたよ。若乃花視点で花田家を描けば、これはまた別の凄い物語になる（笑）」（鹿島）

鹿島　ケビンは裸足で闘うキャラやルックスもよかったですけど、弟たちのほうがスター性に恵まれていて、抜かれていく切なさもあって。

斎藤　もともとはケビンのすぐ下の弟デビッドがプロレスラーとしての素質ではいちばん恵まれていたのでしょう。身長が高くて、マイクアピールを含めたタレント性と表現力。それに対して、ケビンはテレビテーピングのインタビューでも何回も噛んでしまうというシーンが映画のなかでも描かれていた。

鹿島　ケビンはいちばん練習熱心で真面目なんだけど、プロはそれだけじゃダメなんだなっていう現実が切なくも胸に染みましたね。

斎藤　デビッドが亡くなったあと、テキサススタジアムでの追悼大会で兄弟のうちの誰をNWA世界王者リック・フレアーに挑戦させるかとなったとき、ケビンが「俺がやる！」と言ったにも関わらず、父フリッツはデビッドのさらに弟のケリーをその役に選んだというシーンがありました。このエピソードに関しては、実際にケビン本人から聞いたことがあるんです。

鹿島　あー、そうですか。

斎藤　「ウチのオヤジはさ、フェイバリット（えこひいき）するんだよね。あるときはデビッド、あるときはケリー。それで、ボクはボクで兄弟のなかではナンバー2というポジションを常に意識するようになった」って。

――映画ではフリッツが、「いま、いちばん期待しているのはケリー、次がデビッド、ケビン、マイクの順だ。このランキングは常に変動する」とか言ってましたよね。

鹿島　自分の息子たちに順番をつけるっていう、ひでえオヤジだなと思って（笑）。

――兄弟で競わせているわけですよね。だ

から実の息子でありながら、フリッツにとっては自分の団体の所属選手であり、〝商品〟なんですよね。

斎藤　落語家さんや歌舞伎役者の家族もそういう感じなのかなって想像したりしちゃいました。

——ボクは相撲部屋がいちばん近いのかなと思いました。

斎藤　そうかもしれないですね。

——相撲部屋も実の親子であっても、「親と子」ではなく「師匠と弟子」じゃないですか。

鹿島　だからボクは『アイアンクロー』を観て、若貴を思い出しましたよ。若貴の場合も弟の貴乃花のほうがバーッと上がって、先に横綱になったじゃないですか。お兄ちゃんもその後横綱になるので当然強いんですが、どうしてもケビン的な感じだったのを思い出しましたね。

——花田ファミリーも、エリック・ファミリーに〝題材〟としては負けていないですよね（笑）。

鹿島　若乃花視点で花田家を描いた映画ができれば、これはまた別の凄い物語になりますよ（笑）。

——まあ、花田家の話はともかく（笑）。幸せですべてがうまくいっているように見えたエリック一家の運命は、デビッドの急死を境に暗転していくわけですけど。そのデビッドが亡くなったのが日本だったことで、現実の日本のプロレス界とリンクする話になるんですよね。

鹿島　あのデビッドが亡くなったとき、ボクは中学1年だったと思いますけど、衝撃的でしたよ。次期ＮＷＡ世界ヘビー級王者候補と呼ばれていた若きスターレスラーが、来日したと思ったら突然亡くなってしまって。「いったい何が起こったんだ!?」って。

斎藤　デビットは亡くなる前日、UNヘビー級王者として来日して、ベルトを手に記者会見をやった。1984年2月ですね。そして、当時の全日本プロレスの外国人選手の宿泊先だった品川の高輪東武ホテルに泊まって、翌朝、起きてこなかった。あの時代は外国人選手の追っかけの少年ファンがたくさんいて、ホテルのロビーで出待ち、入り待ちをしていて、その日、ブルーザー・ブロディが血相を変えて何度もホテルのロビーと客室を行ったり来たりしていたのを目撃しているんです。ブロディにとってデビッドは同じダラスから来た弟分なので、全日本のオフィスとの連絡もブロディがやっていたのでしょう。

鹿島　映画ではデビッドの腸が破裂したっていうことになっていましたけど、死因に関しては諸説あるんですか？

斎藤　ありますね。薬物に関する噂もありましたし、ダラスでは「日本で試合中にケガをして、ホテルに帰ってきてから亡くなった」という報道になっていましたが、実際はシリーズ開幕戦の前に、試合をすることなく亡くなった。

鹿島　報じられ方も違ったんですね。

斎藤　そういう意味では〝インターネットのない時代〟の情報だった。ニュースが世界に伝わるスピードがまだまだ遅く、プロレス界のコミュニケーションはレスラー仲間からレスラー仲間への口コミがベースになっていた。

「馬場さんとフリッツの関係は日本プロレス時代にさかのぼる。場外乱闘のときに当時13歳のケビンが馬場さんに襲いかかったこともあった」（齋藤）

――リック・フレアーの自伝によると、あの日本遠征のあとにデビッドが世界王者になることはNWAでも了承されていたということですけど。となると、ファミリーを背負い、NWA世界王者になるプレッシャーもあって薬物に手を出したということも考えられますかね？

斎藤　その自伝に書かれている内容は、フレアーがインタビュー形式でゴーストライターに語ったものが時系列をやや無視して活字化されたものなんじゃないかと思うんですね。当時はハーリー・レイスからフレアーに政権交代したばかりの時期なので、フレアーが「私の次はデビッドだった」と語ったとしても、それはこのときの日本遠征後すぐという話ではなかったと考えます。

鹿島　なるほど。「このままいけば自分の次のチャンピオンだった」という話なのかもしれないですね。

斎藤　ただ、デビッドの不幸をフリッツがある意味、ビジネスチャンスとして利用して、それからわずか3カ月後（1984年5月）にテキサス・スタジアムでデビッド追悼興行をやったことも事実なのです。「私

ORLD CLAS
AMPIONSH
RESTLIN

たちの若きチャンピオンが天国に連れて行かれてしまったから、私たちはここダラスでパレード・オブ・チャンピオンを開催する」というテーマでした。

鹿島　そこで誰がフレアーに挑戦するかとなったとき、フリッツが選んだのがケリーだったと。

斎藤　映画では、エリック兄弟の母ドリスさんが自宅のテレビでその試合を観ているシーンがあった。ブラウン管に映っていたのは、フレアーvsケリーの実際の試合映像だった。

――もしデビッドが亡くなっていなければ、あのテキサス・スタジアムでデビッドが新王者になっていたわけではないんですかね？

斎藤　テキサス・スタジアムはあくまでもデビッド追悼なので、それはない。だからケリーがフレアーに勝って新王者になったけれど、すぐにベルトを落としているわけでしょ。

――ケリーはNWA世界王者になってすぐに全日本に来て、横須賀でフレアーにベルトを取り返されちゃうんですよね。

斎藤　ケリーを勝たせるのはテキサスのリングでなければならないけれど、せっかくチャンピオンになってヒーローになったケリーがベルトを失うシーンは地元ダラスではやらないですよ。

――負けるシーンは見せないという。しかも、NWA世界戦のリターンマッチを日本でやるというのは、馬場さんとしても悪い話じゃないでしょうしね。

鹿島　日本がいい感じのマネーロンダリングの場所になっていますよね（笑）。

斎藤　ケリーは日本でフレアーに負けてベルトを落としたとしても、その後はダラスのトップスターであり続けるわけだから、「そういえば、あのチャンピオンベルトはどうなったっけ？」くらいのニュアンスのほうがいいわけでしょう。

鹿島　馬場さんも日本国内では、東京から遠い地方でよくベルトを落としてましたよね（笑）。

斎藤　馬場さんがNWAのベルトを返すときの試合は、テレビ放送がなかったりするんです。

――なぜか、そんな重要な試合がノーTVという（笑）。

鹿島　そこはあの時代ならではですよね。テレビで見せなければ、なかったことのようにスルーできるっていう。

斎藤　フレアーがケリーに勝った横須賀はテレビマッチだったから、ケリーが後方回転エビ固めを切り返されるクイックでフォール負けするラストシーンだけは、ダラスWCCWのテレビでも、NWAクロケット・プロのテレビでも「日本で大事件！」みたいな形で流されたんです。

――通常のプロレス中継のなかで、ニュース映像的な感じで流されたと。

鹿島　でもダラスの人からすると、日本でデビッドが死んじゃうし、ケリーもベルトを落とすしで、「なんだ、あの国は！」って感じになっているかもしれない（笑）。

――エリック一家が呪われてるんじゃなく、日本が呪われた国だと思われているかもしれないですね（笑）。

斎藤　テキサスの人たちは、「テキサスが世界の中心」と思っていることが少なからずいるので、もしかしたらそういう感覚もあったかもしれない（笑）。

——でも新王者になったケリーがすぐに来日して、日本でベルトを落とすっていうのは、当時の馬場さんとフリッツの結びつきの強さを感じますね。

鹿島　ボクがいまでも憶えているのが、息子の死を受けてフリッツがなんて言うのかなと思ったら、「馬場には迷惑をかけて申し訳なかった」みたいなコメントを出していたんですよ。完全にプロモーターとしての発言だった。

斎藤　馬場さんとフリッツの関係は、日本プロレス時代にさかのぼりますからね。プロレスの興行としては初めて日本武道館を使うとき（1966年12月）、馬場さんのインターナショナル・ヘビー級選手権に挑戦するのにふさわしい外国人レスラーとして、満を持して〝鉄の爪〟フリッツ・フォン・エリックが初来日したわけです。ビートルズの日本公演が武道館でおこなわれた年です。それから3回目の来日（1970年2月）のときは、当時13歳のケビンがお父さんと一緒に日本に来ているんです。馬場vsエリックで場外乱闘になったとき、リングサイドに座っていたケビン少年が馬場さんに襲いかかったというシーンがあった。

鹿島　ある意味、その頃から家族ぐるみの付き合いなわけですね。

斎藤　だからデビッドが日本で亡くなったあと、馬場元子さんが同じシリーズに来ていたスーパー・デストロイヤー1号&2号、正体はスコット・アーウィンとビル・アーウィンの兄弟にデビッドのご遺体をアテンドさせて、ダラスまで一緒に帰ってもらったんです。

「デビッドの死が天龍さんをUN王者にしたと考えると凄いですね。天龍さんのレスラー人生にも深く関わっているという」（鹿島）

——あのとき、スーパー・デストロイヤーズは途中帰国してるんですか？

斎藤　2泊4日くらいの弾丸日程でダラスに行って、またすぐに日本に戻ってきてシリーズに再合流させた。それは馬場元子さんが、デビッドの棺だけを飛行機に乗せてアメリカに送り帰すのはあまりにも無責任だと考えて、当時ダラスを主戦場にしていたアーウィン兄弟に連れて帰ってもらったというのが真相らしいです。

鹿島　息子さんをちゃんとフリッツのもとに帰す、と。

——これは歴史の「ｉｆ」の話になりますけど。デビッドはもし亡くならなかったら、ジャンボ鶴田がニック・ボックウィンクルを破ってAWA世界王者になった1984年2・23蔵前国技館で、天龍の挑戦を受けるUNヘビー級選手権をやるはずだったじゃないですか。結局、デビッド急死により、天龍vsリッキー・スティムボートのUN新王者決定戦になって、勝った天龍さんが初めてUN王者になるわけですけど。デビッドvs天龍のままだったら、あの時点での天龍UN戴冠はなかったんじゃないかなと。

斎藤　デビッドvs天龍のままだったら、おそらく、あの時点では天龍さんの勝ちはなかったでしょう。

――そうですよね。デビッドはUN王者であると同時に、次期NWA世界ヘビー級王者の最有力候補だったわけだから、当時の天龍さんとは格が違う。

斎藤　当時、すでに鶴田&天龍の鶴龍コンビは結成されていましたが、天龍さんの番付はジャンボさんより明らかに一枚落ちていましたしね。そもそもデビッドが来日前にUN王者になったというのも、あれは典型的な〝ファントム（幽霊・お化け）〟なんですね。

鹿島　「ファントム」っていうのはなんですか？

斎藤　これはプロレスのお勉強になりますけど、ファントムというのは、実際はそのタイトルマッチはおこなわれていないにも関わらず、「何月何日、どこで誰が勝ってチャンピオンになった」という〝記録〟だけが残っている、実際には存在しない試合のことです。

鹿島　実際には存在しない試合（笑）。

斎藤　だから発表では、デビッドはダラスでマイケル・ヘイズを破ってUNヘビー級王者になり、日本にベルトを持って来日してきましたけど、そんな試合はないんです。

鹿島　凄いなあ。ない記録が生まれちゃうっていう（笑）。

斎藤　国際プロレスの看板タイトルだったIWA世界ヘビー級王座が移動したとされるスーパースター・ビリー・グラハムvsビル・ロビンソンの一戦もファントムでしょ。歴史的なファントムではWWEのルーツであるWWWF初代チャンピオンを決めたとされる試合も、ブラジルのリオデジャネイロでバディ・ロジャースとアントニオ・ロッカが闘ったとか闘わなかったとか、そういうファンタジーもあるわけで、そういう試合、というか記録を〝ファントム〟と呼ぶわけです。

――新王者に説得力を持たせるための架空の試合ですね。

斎藤　まあ、ダラスでデビッド・フォン・エリックvsマイケル・ヘイズっていうと、いかにもやってそうな試合だし。

鹿島　一応、リアリティーがある（笑）。

斎藤　当時のUN王座というのは、ジャンボ鶴田がインター王座挑戦に専念するために返上したベルトで、言わば置き去りにされたベルトでした。それをデビッドを新王者にすることでリニューアルして、また価値あるベルトとして使っていこうということだったのでしょう。だから来日記者会見でデビッドはUNのベルトを肩に抱えて現れましたが、ベルトのネームプレートにはちゃんとデビッド・フォン・エリックの名前が刻み込まれていた。ということは、しばらくはチャンピオンとして活躍させるつもりだったのでしょう。

――全日本も、ベビーフェイスのスター外国人レスラーとして売り出そうとしていたんでしょうね。それこそテリー・ファンクが蔵前で引退試合をやった翌年ですから、エリック兄弟を新たなファンクスにするつもりだったのかも。

鹿島　あー、なるほど。

――だからデビッドの死は、日本のプロレス史にも影響を与えている気がするんですよ。デビッドvs天龍が、天龍vsリッキー・スティムボートの新王者決定戦に変更されて、あそこで天龍さんがUN王者になったことで、鶴龍コンビが本当の意味で全日本のエースコンビになったし。

鹿島　そう考えると凄いですよね。天龍さんのレスラー人生にも深く関わっているという。

斎藤　おそらくデビッドは頻繁に全日本にやって来る外国人選手になるはずだったのでしょう。同じダラスを主戦場とするテリー・ゴーディとデビッドという形で。でもデビッドの急死で、そのプランが軌道修正せざるをえなくなった。

「1985年から数年続く新日本とダラスの業務提携の橋渡しにはブロディが関わっていたと言われています」（齋藤）

鹿島　それだけ全日本とダラスの結びつきは強かったのに、その後、新日本にエリック兄弟が来るようになるじゃないですか。そこの政治的背景はどうなんですか？

斎藤　あれはアメリカの側から見ると、ちょっと口あんぐりだったんです。なぜかと言うと、デビッドが亡くなったときに全日本、馬場ファミリーがあれだけよくしてくれたのに、ケビンとケリーが新日本に行ったのはその翌年なんですね。

鹿島　そっか、翌年だ。

斎藤　それがオールドファッションな馬場さんの手腕ということになるのかもしれませんが、全日本はアメリカの団体に年間契約金を払って業務提携していたわけではなくて、昔からのプロモーター同士のつながりで、電話一本でどんなレスラーでも日本に呼べるというスタイルのビジネスだったんですね。でも新日本の場合は、テレビ朝日の放映権料から契約金を払うという形で、坂口征二副社長（当時）がダラスまで行ってちゃんと書面上の契約を交わしていた。だからエリック兄弟を始めとして当時のダラスのレスラーはみんな新日本に来るようになった。そして、その1985年から数年続く新日本とダラスの業務提携の橋渡しにはブロディが関わっていたと言われている。

鹿島　ブロディ移籍の影響もあるんですね。

斎藤　新日本に移籍したときの記者会見で、ブロディは「手土産がある」とか「もうちょっといい報告ができる」とか話していましたよね。

鹿島　その〝匂わせ〟がエリック兄弟の新日本登場だったと。

――新日本はWWFとの提携が破棄されるタイミングだから、そのお金をダラスWCCWに使えたわけですよね。

斎藤　新日本はダラスWCCWにいる選手全員がほしかったわけじゃなくて、とにかくエリック兄弟にレギュラーで来てほしいということだったのでしょう。ケビンとケリーの新日本登場第1戦は、いきなり藤波辰巳（現・辰爾）&木村健悟とのIWGPタッグ選手権だった。

――あの札幌でのケビン&ケリーは、めちゃくちゃカッコよく見えましたね。売り出し中だった藤波&木村のニューリーダーズがかすむというか、光の輝きが違いすぎるなと。

斎藤　こう言ったらなんだけど、ケビンとデビッドが全日本に来たときはアジアタッグ戦線で、グレート小鹿&大熊元司の極道コンビ、石川孝志&佐藤昭雄あたりとやっていたでしょ。それよりも新日本の若くてカッコいい選手とやったほうが、ケビンとケリーにとってもよかったと思う。

――若き次世代のスターが極道コンビとやってる場合じゃないですよね（笑）。

鹿島　猪木さんが、後楽園で武藤さんに謎の鉄拳制裁をしたときのパートナーがケビンですよね？

斎藤　猪木&ケビンvs木村健悟&武藤でした。武藤はスペースローンウルフとして凱旋帰国したばかりで。当時のケビンがまた凄くいい動きをしていたんです。

鹿島　当時の新日本はUWF軍団との抗争や、翌年は新旧世代闘争が中心でしたけど、武藤さんとエリック兄弟が上がっていくのを観られた可能性もあったわけですね。

――武藤敬司はその後、2度目の海外武者修行でWCWに行く前に、ダラスでスーパー・ブラック・ニンジャとしてメインイベンターになるんですよね。

斎藤　もうテリトリーとしての吸引力が落ちていた時期のダラスですね。五男マイクが亡くなったあとぐらいです。

――映画で言うと、ケビンが団体を売ろうとしていた時代ですよね。

鹿島　じつはあの裏で、グレート・ムタの原型が誕生していたわけか。そうやって見るとおもしろいなあ。

――当時のダラスでのエリック兄弟の抗争相手が武藤だったんですよね。武藤さんは「俺はあのとき、フィニッシュがアイアンクローだぜ」って言っていて。要は「父親が日本でフリッツにアイアンクローでやられた恨みで、そのアイアンクローを身につけて日本から復讐に来た」っていう設定だったという（笑）。

斎藤　それは映画『キル・ビル』的な、いかにもアメリカ人が考えそうなストーリーね（笑）。

――武藤さんは「アイアンクローほど難しい技はねえぞ」とも言ってました。「あんなの顔をつかんでるだけじゃん。それがフィニッシュなんだもん」って（笑）。

鹿島　説得力をつけるのが難しいってことですね。

斎藤　でもフリッツがそれをやると、「これで試合が終わりだ」という説得力が抜群にあった。

――それはフリッツのデカい身体と怖い顔があってのことですけど、童顔でまだ身体も細かった武藤さんがアイアンクローにどうやって説得力をもたせるかを考えて、初めて毒霧を使ったらしいんですよ。それも相手に吹きかけるんじゃなくて、自分の手に吹きかけて、〝毒〟がついた手でアイアンクローをやるっていう（笑）。

鹿島　だから効くんだってことか。はあー、凄い！（笑）。

斎藤　鉄の爪によって毒を相手の顔に染み込ませると（笑）。

鹿島　これは『もうひとつのアイアンクロー』としてスピンオフ作品ができますよ！（笑）。

「ケリーが義足であることはレスラー間でも知られていなかったことなんですね。義足の事実を隠したまま試合を続けたのは凄い」（鹿島）

――武藤さんがダラスにいた時代、すでにケリーはバイク事故で片脚を切断して義足になっていた頃ですかね？

斎藤　そうですね。映画のなかでは、ケリーがテキサス・スタジアムでフレアーに勝ってNWA世界王者になったその夜にバイク事故に遭ったように描かれていましたが、実際はあのタイトルマッチから2年後、1986年6月の事故でした。義足とリングシューズが一体化した〝マジックブーツ〟を履いて試合をするようになったのは、さらに翌年の1987年からです。

――じゃあ、1988年から1989年にかけて、ケリーはWCWA世界王者としてAWA世界王者のジェリー・ローラーと抗争してましたけど、義足のまま〝世界統一戦〟を何度も闘っていたんですね。

斎藤　ローラーと抗争していた頃には「あの脚、変だぞ」ということはレスラーたちは気づいていて、ラスベガスでカーネル・ディビアースという選手との試合中、ケリーのマジックブーツが脱げてしまった事件がありました。ブーツがすぽっと脱げたあと、ケリーはすぐにリング下にロールアウトして、エプロンの下に足を突っ込んですぐにブーツを履き直した。

鹿島　リングサイドの観客も「いまのはなんだったんだ!?」ってなりますよね。

斎藤　じつはその前、ケリーは新日本にもマジックブーツで来ているんです（1987年11月）。当時、スコット・ホールが「あれ、絶対におかしいんだよ。会場に来るときもあのシューズだし、あのシューズを履いたまましシャワーを浴びてるし、そのシューズのままホテルに帰ってるんだぞ」って言ってて。

鹿島　ケリーは義足であることをオープンにしていなかったんですか？

斎藤　バイク事故に遭ったことは報道されたんですけど、右足首より下を切断した事実は亡くなるまで公にされることはなかったんです。

――当時の義足技術で試合ができちゃうのが凄いですね。

斎藤　もちろん、当初は試合ができる状態ではなかったのでしょう。ケリーは1986年6月に交通事故を起こして、それから半年も経たないうちにフリッツがその年のサンクスギビング（11月）にケリーを試合に出しちゃったんですね。

――そこでもフリッツが強権発動しましたか。

鹿島　じゃあ、当時は交通事故からの奇跡の復活みたいな流れで、まさか誰も義足とは思っていなかったわけですね。

斎藤　ちゃんと義足を履いて試合ができるようになるまでには、1年以上かかっているんです。だから映画では義足のリングシューズを履いてリングで練習するシーンがありますが、ああいった練習は実際にあったことなのでしょう。

鹿島　義足の事実を隠したまま試合を続けたのは凄いなあ。

斎藤　ドレッシングルームでケリーが持っていた薬の処方箋に「アンピュテーデット（切断）」と書かれていたのをレスラー仲間に見られたことがあって、「どういうことだ？」ってにわかに噂にはなっていたんですね。

鹿島　つまりレスラー同士も知らなかったことなんですね。

斎藤　ケリーが後楽園ホールで前田日明とシングルマッチをやったとき（1986年5月19日）がバイク事故前の最後の来日で、それから1年以上、来日の間隔が空いているんです。ケリーが来られないあいだは、ケビンとマイクが来日していて。

――ケリーはその後、義足のままWWEで活躍するのも凄いですね。

斎藤　WWE時代のケリーがSWSに来日したとき、週プロはSWSから取材拒否をされていたので、ボクは試合は生では観ていないのですが、友人のホーク・ウォリアーを訪ねてWWE軍団が泊まっていた赤坂プリンスホテルへ行ったんですね。そのとき、ホークが一緒にいたケリーを「ベストフレンドなんだ」って言っていましたね。ホークとケリーはプライベートではめちゃくちゃ仲良しで、だけどふたりとも夜の街に出るともう大変な人たちで（笑）。

――ホークもケリーも80年代に若くして大スターになりましたけど、早くに亡くなってしまったのが残念ですね。

斎藤　そのケリーは1993年2月に33歳の若さで亡くなってしまった。映画でも描かれていたとおりピストル自殺でした。コカインの不法所持で執行猶予の身で、そのあとは実刑になるところだった。右足首切断後の鎮痛剤の濫用もあったのでしょう。

――ダラスWCCWが身売りして、ケリーは兄弟唯一のスター選手としてWWEに行きますけど、そこでも一族を背負うプレッシャーがあった気もしますよね。映画でもフリッツが「いまの（WWF世界）チャンピオンはヘルウィッグだろ？　いつアイツから獲るんだ？」みたいなことを、帰省したケリーに言うシーンがありましたけど。

斎藤　ヘルウィッグというのはアルティメット・ウォリアーのことですね。アルティメット・ウォリアーはWWEに行く前、ディンゴ・ウォリアーという名前でダラスにいたので、フリッツからすると「あの野郎、ウチの下っ端でやっていたくせに」という感覚があったのでしょう。

鹿島　地元ダラスで自分の下にいたディンゴ・ウォリアーに先を越されるという悲哀もあったんですね。

「『アイアンクロー』はハリウッド・バジェットで作られた、プロレス版『ボヘミアン・ラプソディ』みたいなポジションになるのでは」（斎藤）

――結局、ケリーはインターコンチネンタ

ル王者にはなれたけれど、WWF世界王者にはなれず、その後はどんどん番付が下がっていってしまうんですよね。

斎藤　映画では描かれていませんでしたが、最終的にフリッツがビンス・マクマホンに直に電話をかけて、「息子を戻してください」と頼んで、ケリーはダラスに戻ってくるんですね。そして地元で生活しはじめたんだけど、すぐにドラッグで逮捕されてしまった。再犯だったので実刑は避けられなかった。でもケリーは「俺は絶対に刑務所には行かない」と言って、それが最後の引き金になってしまった。

――起訴された翌日、自死を遂げてしまうんですよね。

斎藤　ケリーはその2、3日前、仲がよかった友達の家を一軒一軒訪ねていって、みんなに「アイ・ラブ・ユー」と直接伝えていたんです。だから周囲の友人たちのあいだでは「いきなりケリーが訪ねてきて『いままでありがとう。アイ・ラブ・ユー』って言っていたんだ、おかしくないか?」みたいな話があったんです。

鹿島　なるほど。ついにケリーまで亡くなったときは、ボクもショックでしたね。

斎藤　映画では、ケリーが〝三途の川〟を渡って行って、川の向こうでデビッド、マイク、そして幼くして亡くなった兄ジャックJr.と再会するシーンがあった。悲劇なんだけれど、ある意味ではハッピーエンドにもなっているんですね。ケビンはひとりだけ生き残ってしまったけれど、そのかわりふたりの息子がいた。映画にも出てきた、あのチビちゃんふたりが、30年後にノアに来たマーシャル・フォン・エリックとロス・フォン・エリックです。だから映画的に時系列をちょっといじったり、ストーリーに脚色は入っていたりするけれど、おおむね事実が描かれていました。

鹿島　オープニングに「この映画は事実に基づく」という文言が出てましたね。

斎藤　字幕になるとそうなんだけど、ちょっとニュアンスが異なるんです。実話をベースにした多くの映画は「ベイスト・オン・トゥルー・ストーリー」、つまり直訳で「実話に基づく」なんだけれど、『アイアンクロー』の場合は「インスパイアード・バイ・トゥルー・ストーリー」。つまり「実話にインスパイアされました」っていう表現になっているんですね。日本語字幕ではどちらも「実話に基づく」になるので間違いではないんですけど。

鹿島　そこはなかなか気づかないポイントかもしれないですね。

斎藤　ということは、ショーン・ダーキン監督はエリック一家のトゥルー・ストーリーからインスパイアされたテーマをもってあの映画を作ったということですね。悲劇をそのまま描こうとしたわけじゃなかった。エリック兄弟は幼少期に亡くなったジャックJr.を含めて6人兄弟なんですけど、末っ子のクリスは映画には登場しない。監督は「なぜ、クリスが描かれてないんですか?」と聞かれた際、「クリスまで入れてしまうと、あまりにも悲惨な物語になってしまうから」と答えたそうです。

鹿島　重たくなりすぎて、逆に伝えたいことが伝わらない恐れがあったと。

斎藤　クリスのエピソードを入れなくても130分の長編映画ですからね。そこはストーリー上のある程度の構成があっても仕方がないことなのだろうと思います。

鹿島　この映画にインスパイアされて、また違った、プロレスを題材にした映画がこれから出てくるかもしれないですね。

斎藤　ダンプ松本の『極悪女王』が今年の夏以降にNetflixで配信されることが決まっていて、岩谷麻優の『家出レスラー』も5月公開予定ですよね。これらも楽しみですけど、『アイアンクロー』に関してはハリウッド・バジェットで作られた、プロレス版『ボヘミアン・ラプソディ』みたいなポジションになるのではないでしょうか。

鹿島　プロレスを知らない、一般の映画ファンが観ても見応えがあると思いますね。

斎藤　映画として凄くいい作品に仕上がっているし、もちろんプロレスファンが観ればよりおもしろい。火事で焼失したダラスのスポータトリアムの建物が完璧に再現されていたり、役者さんが演じるブルーザー・ブロディ、テリー・ゴーディ、ハーリー・レイスあたりがかなりイイ線いってますよね。

――ボクらが愛した、古き良きアメリカンプロレスの最後の時代をちゃんと描いてくれていますよね。

斎藤　バックからは80年代のロック、トム・ペティ、ラッシュ、ブルー・オイスター・カルトなどが聴こえてくる。登場人物のファッション、髪型、自動車の型も70年代から80年代のスタイル。これは40年前のアメリカを舞台にした青春映画です。あの時代のアメリカ南部の空気感をエリック兄弟は体現していたんだな、と思います。エンドロールを最後まで観ていくと「ケビンとパムは結婚40年。4人の子どもたちと13人の孫といっしょに幸せに暮らしている」というテロップが出てくる。これがこの映画の〝救い〟のメッセージになっています。

THE IRON CLAW INFORMATION

映画『アイアンクロー』4月5日（金）より
TOHOシネマズ日比谷ほか全国ロードショー!

ザック・エフロン主演×A24最新作、プロレス界の伝説にして“呪われた一家”と呼ばれたフォン・エリック家の衝撃の実話を映画化！
手にしたものは栄光か呪いか―＜最強＞を追い求めた家族の真実の物語。

『アイアンクロー』(原題：The Iron Claw)
アイアンクロー(鉄の爪)を得意技とし、60〜70年代に活躍したアメリカの伝説的なプロレスラー、フリッツ・フォン・エリックを父に持ち、その教えに従ってプロレスの道を選び、世界ヘビー級王者になることを宿命づけられた兄弟の実話を、次男ケビンの視点から描く。ショーン・ダーキン監督、ザック・エフロン主演。第95回ナショナル・ボード・オブ・レビュー賞作品賞トップ10選出、アンサンブル演技賞受賞。

斎藤文彦
1962年1月1日生まれ、東京都杉並区出身。プロレスライター、コラムニスト、大学講師。アメリカミネソタ州オーガズバーグ大学教養学部卒、早稲田大学大学院スポーツ科学学術院スポーツ科学研究科修士課程修了、筑波大学大学院人間総合科学研究科体育科学専攻博士後期課程満期。プロレスラーの海外武者修行に憧れ17歳で渡米して1981年より取材活動。『週刊プロレス』では創刊時から執筆。近著に『プロレス入門』『プロレス入門II』(ビジネス社)、『フミ・サイトーのアメリカン・プロレス講座』(電波社)、『昭和プロレス正史 上下巻』(イースト・プレス)、『猪木と馬場』(集英社新書)などがある。

プチ鹿島
1970年5月23日生まれ、長野県千曲市出身。お笑い芸人、コラムニスト。大阪芸術大学卒業後、芸人活動を開始。時事ネタと見立てを得意とする芸風で、新聞、雑誌などを多数寄稿する。TBSラジオ『東京ポッド許可局』『荒川強啓 デイ・キャッチ！』出演、テレビ朝日系『サンデーステーション』にレギュラー出演中。著書に『うそ社説』『うそ社説2』(いずれもボイジャー)、『教養としてのプロレス』(双葉文庫)、『芸人式新聞の読み方』(幻冬舎)、『プロレスを見れば世の中がわかる』(宝島社)などがある。本誌でも人気コラム『俺の人生にも、一度くらい幸せなコラムがあってもいい。』を連載中。

TAJIRI

文豪レスラー　九州プロレス

「いまのプロレスは複雑なだけじゃなく
理にかなってない動きが多すぎるんです。
もう既存の団体じゃ、 もう一度プロレスを
作り直すのは無理だと思っちゃった。
すでに東京でほしいものはなくなっていたし、
九州プロレスを観てくれる人たちは
ボクがやりたいプロレスを
求めて観に来ているから、
じゃあここでやりたいなって」

プロレス生活30年、
なぜこの男は九州プロレスを
終の住処に選んだのか？ 東京にはない
"本来のプロレス"がここにある。
九州プロレスが熱いばい!!

収録日：2024年3月11日　写真：© 九州プロレス　聞き手&撮影：堀江ガンツ

Chinese Bar with Chopsticks & Glasses
BLUE BEAR BAR
AOIKUMA
中華バル
AOIKUMA

「ボクは筑前さんのことを〝九州のキリスト様〟と呼んでるんですけど、けっこうトンパチなところもあっておもしろい」

TAJIRI　今回はこの取材のために福岡まで来られたんですか?

——そうです。TAJIRIさんが九州に移住されたと聞いてから、いつかはお話をうかがいに行きたいと思っていたんですよ。それが今回、TAJIRIさんの著書『真・プロレスラーは観客に何を見せているのか』(徳間書店)が、書き下ろしリニューアルで文庫化されたと聞いたので、このタイミングでぜひ行こうと。

TAJIRI　そうでしたか。わざわざ遠いところまですみません。

——ボクはTAJIRIさんと同じく「旅と酒とプロレスがあれば、ほかに何もいらない」というタイプの人間なんで、全然大丈夫です(笑)。

TAJIRI　じゃあ、あとで中洲のいい飲み屋とか教えますよ(笑)。

——ありがとうございます(笑)。本の内容とも重なりますけど、そもそも九州に移住を決意したのは、いま所属している九州プロレスに何かビビッと感じるものがあったわけですか?

TAJIRI　それもそうなんですけど、簡単に言えば「東京より地方のほうがいいな」って、全日本プロレスの巡業でいろんなところに行くたびに思っていたんですよね。

——地方のほうがいいと思ったのは、どういう部分で?

TAJIRI　まず、ストレスがないですよね。あとはすでに東京でほしいものはなくなっていたし、むしろ地方のほうがほしいものや環境が揃っていたんです。海、山、美味い食い物があって、人もギスギスしていない。これはどう考えても東京にいる理由はないなって思いましたね。

——そんなふうに東京で暮らしていることに疑問を抱くなか、プロレスに関しても九州プロレスがやっていることが、TAJIRIさんの琴線に触れるものがあったわけですか。

TAJIRI　代表の筑前(りょう太)さんと話をしてみて、凄く相性がよかったんですよ。これまでのプロレス界は、なんかボクの考えていることを理解してくれない人ばっかりでしたけど、筑前さんはなんでも理解してくれる。しかも、あの人の考えていることとボクの考えが、かなり重なる部分があったんですね。筑前さんのことを、ボクは「九州のキリスト様」とか呼んでるんですけど、ああ見えて1枚皮を剥ぐと、けっこうトンパチなところがあっておもしろいんですよ、ええ。

――筑前さんとは、もともとメキシコ修行時代からのお知り合いなんですか？

TAJIRI　知り合いではありましたけど、何回か会ったことがあるぐらいで、じつはそんなに知らなかったんですよ。ちゃんと話すようになったのは、ここ数年ですね。

――でもTAJIRIさんも同様、90年代にプロレスラーになるためにメキシコに行っちゃうというのは、筑前さんもかなりトンパチというか根性ありますよね。

TAJIRI　そうなんですよね。

――いま、日本には地方のプロレス団体、ご当地団体ってたくさんありますけど、九州プロレスはそのなかでも異質ですよね。

TAJIRI　異質です。まず営利企業ではなく「プロレスでまちおこしをする」ことを目的としたNPO法人。そしてレスラーに1試合、1試合ギャラを払ったり、選手契約するのではなく、正社員として雇用して、厚生年金もあれば退職金もある。こんな団体ほかにないですよ。

――正社員雇用というのは、メジャーと呼ばれる団体とも違いますもんね。

TAJIRI　正社員なんで、それこそ何かの仕事で地下鉄で2駅ぐらい行っても、そこまでちゃんと交通費が出るんです。そういう団体はこれまで経験ありませんでしたから。まあ、プロレスの世界だと九州プロレスは異質ですけど、一般社会では普通じゃないですか。本来こうあるべきなんですよね、会社って。

――たしかに交通費が出ない会社って普通ないですね。

TAJIRI　極端に言えば、ほとんどのプロレス団体ってやはり「団体」であって「会社」じゃないと思うんですよ。

――九州プロレスは正社員を抱えて、みなさんそれで生活しているわけですか。

TAJIRI　そうです。いま、社員数は22人だったかな？

――立派なもんですね。九州プロレスって、どういった形で始まったものなんですか？

TAJIRI　もともとは東京のインディープロレス団体と同じようなものを筑前さんが作ったらしいんですけど、始めたばかりの頃、老人養護施設から慰問の依頼があって、やってみたら凄く手応えを感じたみたいなんですよ。「俺たちはこれをやらなきゃいけないんじゃないか」って。そこから、そういう活動を続けていくうちに応援してくれる企業さんが増えていって、だんだんといまの形になっていったみたいですね。狙っていたわけじゃなくて、自然とそうなっていったみたいです。

OGK
大分技

「興行の最初に子どもたちを対象にした、ばってん×ぶらぶらのプロレス教室があるんですけど、あれがある意味メインイベントですよ」

――そして九州プロレスは大半が入場料無料。収入は支援してくれる企業のみなさんからのお金という形になったんですね。

TAJIRI　協賛企業が通算で1000社を超えたらしいですから。

――1000社は凄いですね！

TAJIRI　そういう形を筑前さんが構築したところが凄い。もうチケット券売頼りの団体運営って限界だと思うんですよ。プロレスファンの数は限られているし、券売目当てだと収入だって安定しない。それよりも協賛を取って、もっと多くの人に観てもらったほうがいいのではないかと。

――チケットを売るって大変ですもんね。

TAJIRI　そもそも九州プロレスの目的って、「プロレスで地域を活性化させる」っていうことなんです。ボクはそこに「プロレスの本来の目的はこうであるべきだよな」ということを見出したんですね。毎回、観に来るマニアを相手にするのではなく、大衆に元気を与えるもの。

――力道山の日本プロレスや、馬場さん、猪木さんの時代はそうだったわけですもんね。

TAJIRI　限られたファンからグッズ販売も含めて1円でも多く搾り取ろうみたいなのは違うと思うんですよ。毎回、同じお客さんを相手にしても広がりはないし。

――プロレスに限らず、日本のマーケットはどんどん縮小しているわけですしね。

TAJIRI　ボクがいた頃の全日本なんか、後楽園、新木場、新宿、保土ケ谷ばっかりやっていたわけじゃないですか？　東京近郊だけでまったく〝全日本〟じゃないんで、新東京プロレスに改名したらいいんじゃないかって（笑）。内輪でそんな冗談が出るくらいでしたからね。

――「新東京プロレス」はすでに昔ありましたけどね（笑）。九州プロレスでは、あくまで一般の人たちを相手にしていて、そのため興行の最初にプロレスのルールをイチから説明するコーナーがあるらしいですね？

TAJIRI　興行の最初に子どもたちを対象にした、ばってん×ぶらぶらのプロレス教室があるんですけど、あれがある意味メインイベントですよ。いちばん大事だと思いますね。

――いま、プロレスが地上波テレビのいい時間でやっているわけじゃないから、ボクらが思っている以上に一般の人はプロレスがどういうものか知らないんですよね。

TAJIRI　そう。「マットを3つ叩いたら勝ち」なんて知らないんですよ。でも、ほかのすべての団体の興行は、完全に知ってる前提から始まるじゃないですか。「一般の人たちはプロレスのルールも何も知らない」っていう事実に誰も気づいていないのは、凄く問題だと思います。

——「反則は5カウント数えられるまではOK」とか、「10カウントか20カウント以内の場外乱闘は認められる」とか、あらゆるプロレスの常識は、外の世界では常識じゃないんですよね。

TAJIRI　世間はそうです。それこそプロレス村の人って、普通の人に「えっ、ファイティングTVサムライ知らないの？」って言いそうな感じじゃないですか？（笑）。

——数あるCSチャンネルの中でも、かなりマニアックであるという認識がない（笑）。

TAJIRI　本屋に行って、普通に「週プロありますか？」って言いそうな感じで（笑）。

——週プロ＝『週刊プロレス』の略だって、瞬時にわかる一般の人は、そう多くはないでしょうね（笑）。

TAJIRI　プロレスを何度か観たことがある人でも、プロレスの週刊誌があるなんて知らない人はたくさんいますからね。

——プロレスの試合内容自体、九州プロレスは一般のお客さん向けにしてあるそうですね？

TAJIRI　そうです。複雑な攻防を一切やらないんですよ。やってもお客さんが理解できないんで。でもプロレスの試合って、本来そういうものなんです。いまのプロレスって、複雑なだけじゃなく理にかなってない動きが多すぎる。今回の本にも書きましたけど、せっかく攻めているときに急に反対側のロープに走ってカウンターを食らうみたいなシーンが1試合に5回も6回もあるじゃないですか？

——ありますね。

TAJIRI　ボクの教え子たちはあれをバカにしているんですけどね。一度、W－1の後楽園大会で、バルコニーからイケメンと土肥（こうじ）と児玉（裕輔）の3人が、そういうおかしな動きばかりやる試合を観ながら、指差してゲラゲラ笑ってましたから。

——おかしな動きなのに、なぜかお約束のように定着してしまっている例って少なくないですよね。

TAJIRI　あと「そんな体勢に、なんで毎回偶然なるんだよ！」っていうことも多い。そういうのをイケメンは奇跡のプロレス、略して「キセプロ」って呼んでるんですよ。試合を観ながら「またキセプロだよ、これ」とか言って（笑）。

「ボクの〝元WWE〟っていう経歴は死ぬまで活きると思うんです。だからみんな1回は行くべきだと思いますね」

――では、TAJIRIさんが九州プロレスに来たのは、そういうプロレスではなく、〝本来のプロレス〟が、ここからもう一度作れるという思いもあったりしましたか?

TAJIRI　既存の団体じゃ、もう1回作り直すのは無理だと思っちゃったんですよ。結局、いま日本にある多くの団体を観ているお客さんは、そういうキセプロに馴染んじゃっている人が圧倒的に多くて、そういう人たちのための世界になっちゃってるから。それをいまさらどうこうしようという気持ちはなくて。でも九州プロレスを観てくれる人たちは、ボクがやりたい〝本来のプロレス〟を求めて観に来ているから、じゃあここでやりたいなと思って来たんですね。

――TAJIRIさんにとって、いまの日本プロレスの多くは、自分がやりたいプロレスとは違ってしまっていると。

TAJIRI　だから全日本にいた頃も、最後のほうが苦しかったですよ。これってなんのためにやってるのか、誰のためにやってるのか。お客さんがいつもいる同じ人たちに見えるんですよ。「この人たちだけのためにやってるのか。嫌だな、そんな人生」って思って(笑)。

――今回の本にも全日本末期、「残りの人生をただ惰性で過ごしているのではないだろうか」と思っていたという一節もありましたけど。あれは40代以上のレスラーやプロレス関係者の胸にズキンとくるものがあったんじゃないかなと。

TAJIRI　だから、そういう人たちからすると、非常に嫌なことが書いてある本だと思いますよ。「コイツは何を書いてるんだ！　みんな一生懸命やってるんだよ！」って、〇〇〇あたりがYouTubeで言ってきたらおもしろいなと思って（笑）。

――サムネに大きく「TAJIRIよ、聞け！」みたいな感じで（笑）。

TAJIRI　ええ、家の中でいちばん綺麗なところで動画を撮ってね（笑）。

――TAJIRIさんは「中央に比べ地方は、人や物事の価値を正当に扱ってくれることが多い気がする」とも書かれてましたね。

TAJIRI　情報量や特殊な人の数が東京みたいに多くないので、いい意味でプロレスラーを珍しがってくれるし、興味を持ってくれる確率も高いんですよ。東京だと、ファンがレスラーをちょっとバカにしてるところもありますもんね。

――東京のファンにとっては、プロレスラーがあまりにも日常ですもんね。ファンイベント的なものが溢れているし、会おうと思えばいつでも会えるみたいな。
TAJIRI　はい。こっちで選手育成もやっているんですけど、選手を育てやすいですよ。いまは地方であろうと、世界中から「プロレスを学びたい」って来てくれるんです。
——日本でプロレスを学んで、母国に持ち帰ったり、メジャー団体を目指したいと思ってる若いレスラーが世界中にいるわけですね。
TAJIRI　そういう「日本に来たい」と思って来る外国人を育てて戦力にするっていうのは、全日本時代からやりたかったことなんですよ。でも、なんか理解してもらえなかったんですよね。
——いま、九州プロレスでTAJIRIさんは、外国人レスラーも育てているんですか？
TAJIRI　はい。九州プロレス入団会見をやったとき、「外国人の練習生を募集します」ってSNSを使って英語で発信したんですよ。そうしたら収拾がつかないくらい問い合わせが来て、それがいまだに続いているくらいなんです。
——日本で元WWEスーパースターに指導してもらえるっていうのは、それぐらい多くのニーズがあるんですね。
TAJIRI　ボクの「元WWE」っていう経歴は、死ぬまで活きると思うんですよ。だからみんな1回は行くべきだと思いますね。
——「紅白出場歌手」みたいなもので、WWEに出ているのと出ていないのとでは、その後の国際的なバリューに大きな差が出てくるんでしょうね。いまTAJIRIさんが教えている外国人はどれくらいいるんですか？
TAJIRI　いまはふたりなんですけど、もうすぐもうひとり来ますね。いちばん多いときで7人いたんですけど、年に何人かずつ受け入れています。
——昔、TAJIRIさんがお金を貯めてメキシコに修行に行ったのと同じように、海外から若い選手がお金を貯めて、日本に修行に来ている感じなんですね。
TAJIRI　しかも安く来れるじゃないですか。日本の特に地方だと、滞在費も食費も安いし。外国に行けばわかりますけど、いまの日本って諸外国と比べて凄く貧しいんですよ。
——10年ちょっと前くらいにボクらが東南アジアに旅行して、「なんでも安いな」と思っていたのと同じ感覚を、外国人は日本に対して受けているんでしょうね。
TAJIRI　インバウンドの旅行者もそうですけど、若いプロレスラーも日本が安いからどんどん来たがるんです。
——外国人練習生は、どういったところに滞在しているんですか？
TAJIRI　九州プロレスは寮が完備されているんで、その寮に住んでますね。

——ちゃんと寮もあるんですか。

TAJIRI　筑前さんが一軒家を借りて、そこを寮にしているんですけど、4部屋あって、二段ベッドが4台置いてあって。みんな交代でその国の料理を作って食べているっていう。

——各国の料理が食べられる、インターナショナルなちゃんこ番制度ができあがっているんですね（笑）。

TAJIRI　いま、日本人の練習生がひとりだけいるんですけど、彼は下関の大学在学中でアパートから通ってるんで、その寮に住んでいる日本人は野崎（広大）だけなんです。それで野崎がどんどん英語が上手になってきてるという。

——ある意味、九州にいながら海外武者修行状態を味わえているわけですね（笑）。

TAJIRI　ここで学んだヤツで、いつか大物になるヤツもいるかもしれないじゃないですか。そういうネットワークも凄く大事だと思っているんです。

「東京の団体の人たちは『タダだから来るんだろう』って思うかもしれないけど、ほかの団体は招待券を配っても埋まらないじゃないですか」

——いま、WWEを観ていても、無名時代に日本のインディー団体に上がって修行していたレスラーってたくさんいますもんね。やっぱり、もともと才能とガッツがある人が、わざわざ海外まで修行に行くんでしょうけど。

TAJIRI　そうですね。日本人でそういうコは全然来ないですけど。

——ハングリーで向上心旺盛な日本人の若者がいませんか。

TAJIRI　その話をスポンサーの社長さんたちにすると、どこの業界でもそうだって言うんですよね。日本人の若いコは元気がないなって。

——それも寂しいですね。海外の若いレスラーは「いつかはWWE」って思っているけど、日本の若い選手はある程度で満足しちゃうんですかね。

TAJIRI　外国人は心の中でWWEが身近なんですよ。でも、それが大事で、そのために貪欲にチャンスをつかもうとするわけだから。

——ゆくゆくは国内外に向けたオンライン指導なんかも考えているんですか？

TAJIRI　そういう話はありますね。外国のレスラーで、すでにそういう商売をしているヤツらもいるんですよ。マレーシアにシャウカットっていうレスラーがいて、そいつの師匠が（元WWEの）ブッカーTだって言うんですよ。「じゃあ、アメリカに行ってたのか？」って聞いたらそうじゃなく

て、「ブッカーTがオンラインレッスンをしてくれた」って。

――ビリーズブートキャンプ的な感じで（笑）。でも、それはビジネスが広がりますね。

TAJIRI　ただ、いまのところは海外から九州に練習生を受け入れるっていうのをしばらくやっていこうと思っているんですよ。やっぱり、筑前さんは「世界中の若者にこの九州のよさ、素晴らしさを知ってもらいたい」っていう気持ちが強いんで。

――プロレスの技術だけじゃなく、九州の素晴らしさも母国に持ち帰ってもらって、広めてもらいたいと。

TAJIRI　あと、筑前さんは「プロレスは外国人レスラーがいてこそ」みたいな考えを持っているんです。昔はそうだったじゃないですか？

――外国人レスラーがいる非日常性が、プロレスの大きな魅力のひとつですよね。

TAJIRI　そう、非日常じゃなきゃいけないんですよ。だから筑前さんは外国人もほしいし、あとは女子プロとミゼットレスラーがほしいって言ってますね。

――まさにメキシコのプロレスがそうですもんね。マスクマンがいて、女子プロレスラーもいて、ミゼットレスラーもいて、それらが同じ空間に同居しているっていう。やはり、メキシコにおけるルチャ・リブレのような大衆娯楽を目指して

KAMINOGE vol.148

定期購読のご案内!

より早く、より便利に、そしてお得にみなさんのお手元に本書を届けるべく「定期購読」のお申し込みを受け付けております。

発売日より数日早く、税込送料無料でお安くお届けします。ぜひご利用ください。

●購読料は毎月 1,120 円（税込・送料無料）でお安くなっております。
●毎月5日前後予定の発売日よりも数日早くお届けします。
●お届けが途切れないよう自動継続システムになります。

お申し込み方法

※初回決済を 25 日までに、右の QR コードを読み込むか、「http://urx3.nu/WILK」にアクセスして決済してください。以後毎月自動決済を、初月に決済した日に繰り返し実行いたします。
【例】発売日が 5/5 の場合、決済締め切りは 4/25 になります。

※セキュリティ設定等によりメールが正しく届かないことがありますので、決済会社（@robotpayment.co.jp）からのメールが受信できるように設定をしてください。

※毎月 25 日に決済の確認が取れている方から順次発送させていただきます。（26 日～ 28 日出荷）

※カードのエラーなどにより、毎月 25 日までに決済確認の取れない月は発送されません。カード会社へご確認ください。

未配達、発送先変更などについて

※ホームページのお問い合わせより「タイトル」「お名前」「決済番号（決済時のメールに記載）」を明記の上、送信をお願いします。
返信はメールで差し上げておりますため、最新のメールアドレスをご登録いただきますようお願いします。

また、セキュリティ設定等によりメールが正しく届かないことがありますので、「@genbun-sha.co.jp」からのメールが受信できるように設定をしてください。

株式会社　玄文社
［本社］　〒108-0074　東京都港区高輪 4-8-11-306
［事業所］東京都新宿区水道町 2-15 新灯ビル 3F
TEL 03-5206-4010　FAX03-5206-4011
http://genbun-sha.co.jp　info@genbun-sha.co.jp

KAMINOGE

いるわけですね。マニア向けのプロレスではなく。

TAJIRI　堀江さんは、九州プロレスを観に来られたことはあったんでしたっけ？

——まだないんですよ。何度か行こうと思いはしたんですけど、タイミングが合わなくて。

TAJIRI　開場前に会場のまわりの光景を見たらビックリすると思います。長蛇の列ができているんで。もうプロレス興行というよりお祭りなんですよね。そして、お客さんは子どもばっかりです。こういうことを言うと、東京の団体の人たちは「タダだから来るんだろう」って思うかもしれないですけど、正直、ほかの団体は招待券を配っても全然埋まらないじゃないですか。

——タダ券を配ったところで、なかなか会場まで足を運んでくれないですよね。

TAJIRI　去年、九州プロレスの15周年記念大会を福岡国際センターでやって、本当に４８００人来たんですよ。

——国際センターでそれだけ入れるって相当ですよね。

TAJIRI　あれは壮観でしたね。いま、九州プロレスは小さい会場以外なら５００人以上はかならず入れるんで。

——それはどうやってお客さんが入るようになったんですか？

TAJIRI　やっぱり浸透したんでしょうね。「九州プロレス、行こう」っていう人が増えたんですよ。

——それはローカル局でテレビ放送をやっているというわけでもないんですか？

TAJIRI　もちろんそれもあります。企業努力が凄いですよ。そして、ウチらの営業活動は半端ないですよ。いままで見てきた団体と比べても「これだけやったらどこでも入るな」っていうぐらいやっていると思います。いろんな社長さんのところとかを営業社員が1日中回って。それこそ大会前にはその地区の小学校、保育園、幼稚園すべてにチラシも送るんですよ。しかも、どこどこ小学校は1年生が83人、2年生が50人いるなら、ちゃんとその数のチラシを選手が分けて全部送るんです。

——きめ細やかな営業努力をしてるんですね。

TAJIRI　それと地元の幼稚園に慰問に行って、「こういうプロレスっていうのが来るよ」ってやってるんですね。そういった当たり前の企業努力を九州プロレスの人たちは慎ましくて自分たちでは言わないだけです。で、筑前さんはボクみたいなおしゃべりなおっさんが来れば言ってくれると思っているフシもあると思うんですよね（笑）。

——拡散力も期待して、ＴＡＪＩＲＩさんを団体に迎え入れましたか（笑）。

TAJIRI　「筑前さん、これ、なんで言わないんですか？」って言ったら、「あっ、ＴＡＪＩＲＩさんが言ってもいいですから」とか言ってきますから。

「あのまま全日本にいたら、今頃どうしてたんだろうって思いますね。精神の病になっていたような気がします」

——東京から見ていると、九州プロレスっていつの間にか大きくなったなって感じで、ちょっと謎めいた感もあったんですけど。成功しているのには、当然理由があるわけですね。

TAJIRI　とりあえずいまの目標は、２０２８年くらいに九州プロレスを福岡ドームでやろうとしているんですよ。そのあたりがひとつの目安になるのかなと思って。

——福岡ドーム進出は凄いですね！　着々と大きな目標に向かっているわけですね。

TAJIRI　だからね、本当に現時点でも観客動員数と稼いでいるお金の額で言えば、日本のプロレス団体のなかで新日本の次だと思うんですよ。

——それも凄い話ですね。

TAJIRI　ちゃんとお客さんを入れているっていうのがよさだなと思って。ボクは社会保険があるとか退職金があるとか、そういったことは知らなかったんで。「俺も九州プロレスでやりたいな」と思ったあとに聞いて、びっくりしたんですよ。

――雇用条件に惹かれたわけじゃなかったわけですね。

TAJIRI　そこじゃなかったんです。ここなら本来のプロレスができるっていうことと、あとはとにかく地方に行きたかったですね。もう4、5年前なんですけど、船木（誠勝）さんが大阪に移っていたので話を聞いたら、「東京を離れるって凄くいいよ」って言っていて、そういうのも聞いていたので。

――実際、九州に来てやっぱりよかったですか？

TAJIRI　なんのストレスもなくて最高ですよ。いま住んでいるところは自転車を15分走らせたら博多まで行けるのに、こののどかさですから。じつはウチのいちばん下のチビがまだ高校3年生なんで、嫁と息子はまだ東京にいるわけですよ。もうね、この歳で地方でひとり暮らししちゃうと、二度と人と住めないかもしれないですよ。気楽すぎて（笑）。

――そういう自由も手に入れたんですね（笑）。TAJIRIさんとしては、プロレス人生の最後を預けられる環境ができたと。

TAJIRI　あのまま全日本にいたら、今頃どうしてたんだろうって思いますね。精神の病になっていたような気がします。で、いまは福岡に住んでいますけど、ゆくゆくは佐賀県の唐津に住みたいんですよ。だんだんと移っていこうかなと思っていて。

――もともと唐津に住みたいという思いはあったんですか？

TAJIRI　何度も行ったことがあるんですけど、4年ぐらい前からずっと思っていますね。もう街と海が融合していて、街のどこからでもすぐ海に出られて、その海が凄く綺麗なんですよ。だから将来的には、唐津でバックパッカー宿でもやって、普段は釣りでもしてのんびり過ごしたいなと思っていますね。唐津は「古民家をあげます」っていう物件が3000軒もあるらしくて。どれかをもらって、リフォームして宿をやるのもいいなと思って。

――地方の空き家問題にも一役買おうと（笑）。

TAJIRI　唐津なら福岡からすぐなんで、外国人もすぐに来られるじゃないですか？　貧乏な若者も来られるし、そこで旅行者から聞いた話をまた本に書いたりもしたいですね。

――ゲストハウスをやりながらレスラーを育てたりも？

TAJIRI　あっ、その頃はもうプロレスはやらないですね。のんびりしますよ。そうやって隠居する前に、九州プロレスで自分がやれるだけのことをやろうかなと。

――TAJIRIさんが世界で培ったものを提供したいと思うだけのものが九州プロレスにはあるわけですね。

TAJIRI　筑前さんもよく自分みたいな変わったのを入れて、うまく使いこなしているなって思いますよ。最初は数人の選手が大反対したらしいですね。「とんでもないことになりますよ！」って（笑）。

――それこそ「ＴＡＪＩＲＩに乗っ取られるぞ」みたいな（笑）。

TAJIRI　一部で警戒されたみたいです（笑）。

――もう溶け込めました？

TAJIRI　もう全然大丈夫でした。みんな来てすぐ「そうじゃねえんだな」と思ってくれたんじゃないかな。

――プロレスに対する考え方もみんなと合う感じですか？

TAJIRI　合いますね。もともと当たり前のことしか考えていないんで。だけどそれを口にしちゃうと「アイツはおかしい」と言われちゃう世の中じゃないですか。それがボクであり、その集大成が今回の本だと思うんで、ぜひ一度読んでみてほしいですね。

TAJIRI（たじり）
1970年9月29日生まれ、熊本県玉名市出身。プロレスラー。九州プロレス所属。
1994年9月19日、IWAジャパンでデビュー。その後メキシコ・EMLL、アメリカ・ECWなどでの活動を経て、世界最大のプロレス団体・WWEに入団。スーパースターのひとりとして活躍する。日本に帰国後はハッスルや新日本プロレスに参戦。SMASH、WNCを率いたのち2014年にWRESTLE-1に移籍する。2017年にWWEに復帰するがヒザのケガで退団。同年帰国後、全日本プロレスに参戦。2021年1月に全日本に入団するが2022年末に退団をする。2023年1月より福岡県に移住して九州プロレス所属となり、自らの信念にのっとったプロレスの実践と後進の育成に心血を注いでいる。著書に『プロレス深夜特急 プロレスラーは世界をめぐる旅芸人』『戦争とプロレス』『少年とリング屋』などがある。

兵庫慎司のプロレスとまったく関係なくはない話

第106回 「演出」と「システム」

2月25日の日曜日、京都芸術大学の学生たちの演劇『命、ギガ長ＳＺＺＺ』を観るために、京都まで行った。

これは、2023年から京都芸術大学舞台芸術研究センターの教授になった松尾スズキが、「松尾スズキ・リアルワークプロジェクト」として、同大学の全学科の学生を対象に、募集・選抜を行ってチームを作り、出演は全員学生たち、制作スタッフにも学生たちが参加し、第71回読売文学賞受賞作である彼の『命、ギガ長ス』を上演する——という、1年がかりのプロジェクトのゴールである。公演はこの一回きり。

会場は、同大学にある京都芸術劇場春秋座という、えらく立派な劇場。「本公演は〈ふるさと納税を活用した大学における地域連携等推進事業〉補助金により、京都市民もしくは京都市内の学校に通う学生は無料でご観劇いただけます」ということで、どちらでもない僕はチケットが必要だが、500円という安価で、ネットで予約できた。

出演者である学生9人は、サポートのひとり（4年生）を除いて1年生と2年生で、半数は演技を専攻しているが、半数は映画制作やデザイン等の専攻、つまり俳優志望ではない。ということを知った上で京都まで行くんだから、しかも500円なんだから、そういう気持ちで観よう。うるさいことは言うまい、思うまい。ちっちゃいことは気にするな、それワカチコワカチコ。ゆってぃっておもしろいのに過小評価されてない？と、僕は常々思っているので、文章にもなるべく「ワカチコ」を織り込んでいきたい。なので入れておいたが、とにかくそんな寛容な心持ちで、彼らの芝居と対峙しよう。と思いながら座席についたのだが。

舞台が終わった時、僕は心底驚いていた。なんに。そんな自分内「ワカチコ」を発動させる必要がなかったことに、だ。

最初のうちこそ「声ちっちゃいなあ」「早口だなあ」などと気になったが、15分も経たないうちに、全部忘れた。で、物語にのめり込んでいた。これまでの松尾スズキの演劇を観た時と同じように。そのように、自分が舞台を虚心で楽しんだことに、びっくりしたのだった。

なぜ楽しめたのか。役者全員アマチュアと素人なのに、それぞれが「松尾スズキの

兵庫慎司

兵庫慎司（ひょうご・しんじ）1968年生まれ、広島出身で東京在住、音楽などのライター。本誌前号の『TARZAN BY TARZAN』、大変におもしろく読みました。ターザンが「プロレスファンは今こそ乗るべき」と断言するロッシー小川の今後、もちろん興味がありますが、彼がいなくなったスターダムがどうなるのか、その「システム」も含め、今後、何かが変わるのか、変わらないのか、ということにも、とても興味があります。

演劇」ならではの存在感を放っていたからだ。その表情や、動きや、リズムなどで。

すごくない？もちろん彼ら彼女らの努力も、大変なものがあったのだろうが、それだけではない。たとえば同じ脚本で、同じ出演者たちで、別の演出家で上演したら、こうはならなかっただろう。役者全員が、この芝居の初演や再演の映像を観てコピーできたとしても、やはり、こうはならない。

言うまでもなく、松尾スズキが演出したから、実現できたのだ。同じ俳優でも「こんなにいい俳優だったのか！」と思う時もあれば、「あれ？今回は良くないなあ」と思うこともある。演出の違いによってそうなるんだな、と、演劇や映画やテレビドラマを観ていて実感することがよくあるが、その究極のやつがこれ、というか。

もちろん松尾スズキは、普段はキャスティングにもこだわる演出家で、たとえば今年の夏に上演される12年ぶり四回目の『ふくすけ』にも、超一流の俳優陣がキャスティングされている。が、そうじゃなくて、全員アマチュアと素人でも、ここまでの舞台を作れてしまう、ということだ。

プロの俳優と違って、「大きな声を出してくれ」と何度言っても出せない。でも今回は「怒らない」を大前提とした仕事である。怒ったら来なくなるかもしれないので。怒らなくても、4人やめていったんだから。なるほど、授業というのはそういうものか。キャスティングされているのに稽古場に来なくなる、は、業界では死を意味するが、学校では単位を落とすだけなんだから——。

後日配信された、松尾さんが日記を書いているメルマガには、そんなことが綴られていた。大変すぎるが、であっても、あれだけの舞台を作れてしまうのだ。いったいどんなもんなんだ、そのノウハウは……などと考えていて、以前に、これに近いものを感じたことがあったのを、思い出した。

2022年の10月に、スターダムでフワちゃんが、見事なプロレスデビュー戦をやってのけた時の、武藤敬司のコメントである。武藤曰く、あれはフワちゃん個人の努力や才能もあるが、それ以上に、始めたばかりの素人がリングに上がっても、ちゃんと客に見せられるクオリティのプロレスの試合を作れるシステムが、スターダムにはある、ということだ。それは自分たちがやってきたプロレスとは異なる、つまりプロレスというもの自体が、次のフェーズに移行しているのだ——という。

近い気がしません？そのシステムを持っているのが個人か組織かの違いはあるし、「演劇は次のフェーズに移行している」という話ではないけれど、この「松尾スズキは素人でも演劇を作れる」のと、「スターダムは素人でもプロレスを作れる」のって、ある意味、同じような能力なのではないか。

ああ、誰かに伝えたい。書かなきゃ。どこで書けばいいんだ。あ、『KAMINOGE』だ。「プロレスとまったく関係なくはない話」というタイトルなのに、いつもプロレスとまったく関係ない話ばかり書いているけど、めずらしく今回は関係あるし。

良かった、『KAMINOGE』の連載があって。始まって9年経つのに「そろそろ……」と言い出さない井上編集長、ありがとうございます。最近『マッスル坂井と真夜中のテレフォンで。』を読むたびに、心配になります、おふたりが交互に倒れていて。

なにこの終わり方。

HENTAIZADANKAI

玉袋筋太郎の変態座談会

TAMABUKURO SUJITARO

“ 誰が呼んだか黒幕 ”

SIMON KELLY

サイモン・ケリー

アントン&ミツコと幼少期から遊んでいた男はやがて義理の息子となり、新日本プロレス社長をも務めた。“ 黒幕 ” と呼ばれるが果たして !? “ 神回 ” となったアントニオ猪木外伝を読め !!

収録日：2024年3月6日　撮影：橋詰大地　写真：山内猛　構成：堀江ガンツ

［変態座談会出席者プロフィール］

玉袋筋太郎（1967年・東京都出身の56歳／お笑い芸人／全日本スナック連盟会長）

椎名基樹（1968年・静岡県出身の55歳／構成作家／本誌でコラム連載中）

堀江ガンツ（1973年・栃木県出身の50歳／プロレス・格闘技ライター／変態座談会主宰者）

［スペシャルゲスト］サイモン・ケリー（Simon Kelly）

1973年12月2日生まれ、神奈川県川崎市出身。元・新日本プロレス代表取締役。元IGF取締役。

アルゼンチン人の父親と日本人の母親との間に生まれ、通っていたインターナショナルスクールにアントニオ猪木の娘・寛子もいたことから猪木家と家族ぐるみの付き合いをするようになる。大学卒業後に電通や日本コカ・コーラで勤務したあと、1998年4月、猪木が主宰するU.F.O.アメリカ支部代表を務める。2000年8月に新日本プロレスに入社。チーフブッカー、ロサンゼルス道場広報担当役員、執行役員、取締役といった肩書きを経て、2005年5月、新日本プロレス代表取締役社長に就任する。2007年3月に同社を退社し、猪木と共に新団体IGF（イノキ・ゲノム・フェデレーション）に合流。渉外などを担当した。2017年にIGFが活動停止後、兄弟団体である東方英雄伝のCEOとして活動していたが、2018年でIGF・東方英雄伝を退社。以降はフリーランスとしてWWEとのネゴシエート業務などをおこなっている。2020年、猪木寛子と2016年前後に離婚していたことを公表した。

「当時の新日本はもう地獄ですよ（笑）。資金繰りから選手の不満、スタッフの不満。立て直したかったけど無理でした」（サイモン）

ガンツ　玉さん！　今回は「俺たちの猪木・外伝」として、元・新日本プロレス社長のサイモン・ケリーさんに来ていただきました！

玉袋　元プレジデントだよ！　ここで新社長の棚橋（弘至）さんに行かず、サイモンさんに行っちゃうところが変態座談会だね。あえて5代目にいくっていう。

椎名　サイモンさんは5代目なんですね。

サイモン　それくらいですかね。

ガンツ　アントニオ猪木さん、坂口征二さん、藤波辰爾さん、草間（政一）さんで、サイモンさんですから。

椎名　もしかすると、歴代社長で坂口さんの次くらいに大きいかもしれないですね（笑）。

ガンツ　たしかに藤波さん、棚橋さんよりも大きいかも。

椎名　それはもちろん！（笑）。

玉袋　俺は身長１８０センチなんだけど、公称１８３センチの藤波さんと並んで写真を撮るとき、俺は少し腰を曲げたもんな（笑）。サイモンさんはどれぐらいの期間、新日本の社長をやられたんですか？

サイモン　２００5年から2年間くらいですね。

玉袋　当時の新日本はどういう感じだったんですか？

サイモン　もう地獄ですよ（笑）。

玉袋　いきなり地獄（笑）。

サイモン　本当にめちゃくちゃでしたね。資金繰りから選手の不満、スタッフの不満から。

ガンツ　当時は離脱者もたくさん出た時代ですよね。藤波さんをはじめ。

サイモン　ドラディション（無我ワールド・プロレスリング）もそこからですね。

ガンツ　その前には武藤さん一派が抜けて、そのあと長州さんたちＷＪ組が抜けて。

玉袋　「ど真ん中」って言いながら端っこだったたっていうことでおなじみのＷＪだな（笑）。その社長時代の2年間は大変だったんじゃないですか？　めちゃくちゃになった新日本の立て直しを任命されているわけじゃないですか。

サイモン　立て直したかったんですけど、ひとりでは無理でしたね。ちょっとは貢献したかなっていう思いはありますけど。

玉袋　猪木さんからのアドバイスみたいなものはあったんですか？

サイモン　猪木さんは猪木さんで、猪木事務所の問題がいっぱい出てきたんで（苦笑）。

椎名　新日本プロレスに巣食うシロアリ。中抜き専門業者としておなじみの猪木事務所ですね（笑）。

サイモン　なんでもやりたい放題というか。当時はまだ猪木さんが新日本のオーナーで筆頭株主なんですけど、所属は猪木事務所なんですよ。PRIDEなんかで活躍していた藤田和之選手も猪木事務所預かりで。だから新日本側の藤波さんがノーと言ったとしても、猪木事務所側が「いやいや、猪木会長がこう言ってるから」って言うと、なんでも通っちゃうんです。

玉袋　「印籠」が出てくるんだ（笑）。

サイモン　それで猪木さんが新日本と絡むときも、猪木事務所が「じゃあ、会長が出るならギャラはこれね」って言い値で言ってきて、「いや、こんなには払えないです」ってなったとしても、「いや、会長がこうしろと言ってるから」で済んでしまうという。

ガンツ　猪木さんが新日本からお金を取っていたというより、猪木事務所の人が猪木さんの名前を使って搾取していたわけですか。

サイモン　そうなんです。そういうやり方によって、新日本のなかで「アンチ猪木」がどんどん増えていったんですけど、実際は猪木さん本人ではないんですよ。

玉袋　なるほどな～。それも悲しいですね。

ガンツ　そういう実態をなぜか全日本に行ったケンドー・カシンさんがコメントを出してましたよね。「猪木事務所のBは金の亡者」とか（笑）。

サイモン　そうですね（笑）。

玉袋　でもさ、サイモンさんの人生っていうのは凄いですよね。だって「猪木」「倍賞」という両方を押さえているわけじゃないですか。倍賞のほうは美津子も鉄夫も押さえてるっていう。

ガンツ　だからサイモンさんは、プロレス界でよく知られた人でありながら、ある種「謎の男」という部分もありますよね。

サイモン　謎の男でしょうね（笑）。

椎名　新日本の社長になった当時からそんな感じでした（笑）。

玉袋　じゃあ、今日はその謎を解明すべくいろいろうかがっていきたいと思いますんで、ひとつよろしくお願いします！

サイモン　よろしくお願いします。

「サイモンさんはインターナショナルスクールで寛子さんと出会って、その頃から猪木さんや美津子さんとも仲がよかったわけか」（玉袋）

ガンツ　まず、サイモンさんの出身はどちらなんですか？

サイモン　生まれは日本なんですよ。神奈川のほうで。

玉袋　そこもなんか猪木さんとつながりますね。

サイモン　インターナショナルスクールの幼稚園に通っていて、そこで元嫁の（猪木）寛子と出会ったのがそもそものきっかけだったんです。

玉袋　のちに結婚される猪木寛子さんの出会いが幼稚園っていうのが早いよ。

椎名　そのインターナショナルスクールは猪木さんが経営されてたって聞いたんですけど。

サイモン　もともとの経営者じゃないですけど、お手伝いというか。当時、その学校はまだ幼稚園しかなかったんですけど、猪木さんが資金繰りの面で協力して小学校ができたんです。

玉袋　それは佐川マネーですね？（笑）。

サイモン　まあ、そうなんでしょうね（笑）。

玉袋　すんなり認められちゃったよ（笑）。

ガンツ　まあ、企業の社会貢献ですね（笑）。

玉袋　インターナショナルスクールってことは、ちっちゃい頃から英語で生活していたんですか？

サイモン　お父さんがアメリカ人なので、家ではお父さんが英語、お母さんは日本語。それで友達もだいたいインターナショナルスクールなので、ボクはルー大柴さんみたいに、日本語と英語をグチャグチャに混ぜるのがいちばん話しやすいっていう。

椎名　「トゥギャザーしようぜ」みたいな（笑）。

玉袋　マサ斎藤さんの〝マサ語〟みたいなもんだな（笑）。

ガンツ　インターナショナルスクールって、ほかにも有名人の子どもとかいたんですか？

サイモン　同級生にジョー山中さんの息子さんとか、何人かいたんです。たとえば巨人軍の外国人選手の息子とか。自分たちよりもっと下の世代は芸能人の子どもさんがいっぱい来ていたと聞きました。関根勤さんの娘さんとか。

玉袋　麻里ちゃんね。

サイモン　あと、西田ひかるは元嫁がハイスクールで一緒で、宇多田ヒカルは自分の弟のクラスメイトだったんですよ。

玉袋　そっか、帰国子女だもんな。なんかテレビドラマみたいな話だよな。学園モノとしては最高だよ。

ガンツ　出てくるキャストが凄いですね。

玉袋　幼稚園は何年行ったんですか？

サイモン　インターナショナルスクールの幼稚園は最後の1年くらいだったんですよ。それまでは日本の幼稚園に行っていたので。たぶん寛子もそんな感じだったのかな。

玉袋　寛子さんがまだ幼稚園ということは、『アニー』前ですよね。

サイモン　そうですね。

ガンツ　寛子さんは日本育ちで、猪木さんと倍賞さんも日本人なのに、なぜインターナショナルスクールに通わせたんでしょうね？

サイモン　当時、猪木さん一家は代官山のマンションに住んでいたんですけど、その幼稚園も代官山にあったので、たぶん近いからっていう理由だったと思うんですよ。あとは、これからインターナショナルな世の中になるからっていう理由で入れちゃったという話を聞いた気がしますね。

玉袋　やっぱ、考え方が進んでるよな。じゃあ、サイモンさんはその幼稚園で寛子さんと出会って、そのときに猪木さんや美津子さんとも出会ってるんですか？

サイモン　たまたまなんですけど、ウチの親が仕事でニューヨークに行った帰りの飛行機で、猪木さんと美津子さんと一緒になったらしいんですよ。そのときに初めて「じつは息子も同じ幼稚園なんですよ」という話をして。親同士が仲良くなったあと、こっちも子ども同士が仲良くなったんです。

「草津で新日本の興行があったとき、猪木さんが誘ってくれてウチの家族も巡業バスに乗って遊びに行っちゃったことがあって（笑）」（サイモン）

玉袋　へえー、そうなんだ。それもまた運命だね。じゃあ、そこからは家族ぐるみの付き合いになっていったわけですか？

サイモン　そうですね。その後、猪木さんが住んでいた代官山のマンションの下の階の部屋が空いて、ウチに親に「下の階が空いたからおいでよ」って言ってくれたらしくて、ウチが引っ越したんです（笑）。

ガンツ　それで超ご近所さんになっちゃったんですか（笑）。

椎名　じゃあ、本当に仲がよかったんですね。

サイモン　ウチが3階、猪木さんの家が6階で。いまじゃ考えられないですけど、当時はウチからスリッパとか寝間着のままエレベーターに乗って、ピンポンも押さずに勝手にドアを開けて寛子の部屋に遊びに行ったりとか、お互いにそういうのがあって（笑）。

ガンツ　やっぱり猪木さんはオープンマインドな家なんですね（笑）。

サイモン　いまじゃありえないことですよね（笑）。

玉袋　おおらかな時代だしね。

椎名　美津子さんもおおらかだもんね。

サイモン　草津で新日本の興行があったとき、猪木さんが「スキー場と温泉があるから来なよ」って言ってくれて、ウチの家族も一緒に巡業バスに乗って遊びに行っちゃったこともあって（笑）。

玉袋　すげえ！　新日本プロレスのバスで温泉家族旅行、行ってみてえよ（笑）。

椎名 佐山さんや藤原組長と一緒に女風呂のぞきをしたりして（笑）。

玉袋 宴会で旅館ぶっ壊したりな（笑）。じゃあ、子どもの頃からプロレスが身近にあったんですね。

サイモン 最初は寛子のパパである猪木さんがプロレスラーだっていうのがわからなかったんですよ。でも、会っているうちにプロレスというものがあることを知って、それでテレビを観始めてから、「あっ、寛子のパパはこういうことをやってるんだ」って知って。ちょうどその時期に（初代）タイガーマスクが出てきたくらいなので、そこからさらにプロレスが大好きになりましたね。

ガンツ サイモンさんとボクは同い年なんですけど、タイガーマスクが出てきたのは小学2年生の1学期ですから、そこからハマッちゃいますよね。小学3年くらいからは、クラスの男子全員がプロレスを観てましたから。

玉袋 視聴率だって20パーセントを超えてた時代だからね。

サイモン で、当時は巡業バスに乗せてもらう機会がけっこうあって、長州さんがよく遊んでくれたんですよ。

玉袋 「かませ犬」前だったんだろうな。

サイモン 猪木さんの付き人だった髙田（延彦）さんや山崎（一夫）さんにもよく面倒みてもらったりして。

玉袋 超VIP待遇じゃないですか。

サイモン 大人になってからPRIDEの会場で髙田さんにその話をしたら、数秒くらい経ってから「あー！　あのとき乗ってたあのコか！」みたいな感じで（笑）。

椎名 （髙田口調で）「サイモン？　草津？」みたいな（笑）。

サイモン 猪木さんの家に遊びに行ったら、髙田さんや前田さんといった若い選手が一緒にメシを食ってたりとか、野毛の道場にもよく連れて行ってもらったりもしていたんで。

玉袋 うらやましいなあ（笑）。寛子さんが子どもの頃、ミュージカル『アニー』の主役に選ばれたじゃないですか。あれは観に行ったんですか？

サイモン ボクはちょうどあの頃、お父さんの仕事の関係で韓国に行ってたんで、実際に観たことはないんですよ。でもビデオで観させてもらったことはあります（笑）。

椎名 『アニー』ってあれからずっと続いてるでしょ。ああいうのって初代が重要じゃん。

ガンツ 寛子さん主演のとき、興行的にも成功したんでしょうね。

玉袋 不倫していた政治家の菅野志桜里っていただろ。あれも初代アニーだからね。

サイモン 寛子とダブルキャストだったんですよね。

玉袋 ちなみにウチの店『スナック玉ちゃん』のアルバイトにも何代目かのアニーがいるからね。

椎名　マジっすか!?（笑）。
玉袋　閉店前、かならず最後にカラオケで『トゥモロー』を歌って、「うわー!」って盛り上がってさ。いまでも「アニー」って呼ばれてるんだよ（笑）。
ガンツ　サイモンさんは子どもの頃から英語ができたわけじゃないですか。外国人レスラーとの交流もあったんですか?
サイモン　ハンセンさんやホーガンさんと話した憶えはあるんですけど、当時は外国人レスラーは怖いっていうイメージがあったので、あまり近づけなかったですね。ブッチャー、シンとか怖いじゃないですか（笑）。
玉袋　凄い時代だよな。そこにアンドレ・ザ・ジャイアントがいたりしてさ。
椎名　日常に大巨人がいるわけですもんね（笑）。

「美津子さんがプロレス業界入りを反対したって、そりゃ娘が自分と同じ目に遭いかねないから『あの商売だけはやめなさい!』ってなる（笑）」（椎名）

サイモン　でも、第1回IWGP決勝で猪木さんがハルク・ホーガンにKOされたときのテレビ放送を、ホーガンと一緒に観た記憶があるんです。
椎名　えっ、どういうことですか!?
サイモン　あのとき、ホーガンが猪木さんのお見舞いに代官山のマンションに来たんですよ。でも猪木さんが留守だったかなんかでウチに寄って、ウチのテレビで再放送かなんなのか、猪木vsホーガンのアックスボンバーをホーガンと一緒に観た記憶がありますね（笑）。
ガンツ　IWGP決勝の蔵前は木曜日で、翌日金曜8時に録画放送だったんですよね。だから試合翌日、ホーガンが猪木さんの自宅にお見舞いに来たけど、きっと猪木さんはまだ病院にいたか、雲隠れしていたんじゃないですかね。
サイモン　たぶん、そういう何かだったと思います。
玉袋　それでホーガンと一緒にオンエアチェックしちゃったわけだ。すげー!（笑）。その後、ホーガンさんとは?
サイモン　話したことがありますね。「あっ、憶えてるよ」って言われて（笑）。
椎名　「代官山のマンションにいた子どもだよね!」って（笑）。
玉袋　いい話だなー。美津子さんはどうだったんですか。やっぱりやさしかったですか?
サイモン　もちろんやさしかったですね。でも寛子と結婚したあと、プロレスの仕事に入ったらもの凄く怒ったんですよ。
椎名　プロレス業界入りを反対されたんですか?
サイモン　めちゃくちゃ反対されました。この業界がハチャ

メチャだっていうのがわかってるので。

玉袋　そりゃそうですよね。実際、猪木さんはアリ戦だなんだで何十億の借金を背負ったんだから（笑）。

椎名　娘も同じ目に遭いかねないから、「あの商売だけはやめておきなさい！」って感じだったんですね（笑）。

サイモン　ウチの親もプロレスの世界に入るのは大反対だったんですよ。というのも、ウチの親はアントントレーディングのときに一緒にやっちゃったんです。

玉袋　タバスコの輸入とかに一枚嚙んでたんですか？

サイモン　ちょっとだけやっていたんですね。その苦い経験があるので、お父さんが大反対で（笑）。

椎名　「アントンビジネスは危険だぞ！　どんぶり勘定だぞ！」と（笑）。

玉袋　そりゃご両親は勧めないよ（笑）。

サイモン　なので、半年くらいは口をきいてくれなかった気がしますね（笑）。

椎名　プロレスの世界には大学を出てからすぐに入ったんですか？

サイモン　大学を出て違う仕事をしていたんですけど、結婚してからですね。それまでボストンに住んでいたんですけど、ボストンは寒いからロスに引っ越しを計画していたとき、たまたま猪木さんも引退してロスに引っ越してきて。ＵＦＯという団体を旗揚げするタイミングに合っちゃったんです。

玉袋　出ましたね、ＵＦＯが（笑）。

サイモン　最初は小川直也さんがロスに来たときにケアしたり、猪木さんの運転手とかで手伝っていたんですけど、いつの間にか手伝いというより仕事の量が増えていって。外国人関係はすべてこっちが握っているような感じになって、正式に仕事としてやるしかないという形になったんです。

玉袋　巻き込まれたんだな～（笑）。

ガンツ　いつの間にか「ＵＦＯ北米支部長」みたいな肩書きがついてましたもんね（笑）。

サイモン　でも、がんばってやっているうちに美津子さんもウチの親も認めてくれて、応援してくれるようになりましたね。それをきっかけに美津子さんから昔の新日本のエピソードをたくさん聞かせていただいて。凄くいい話がいっぱいでした。

「有名なボクサーと闘うために莫大な借金を背負ってまで自分で大会を開くってなったら、離婚されてもおかしくないと思うんですよ」（サイモン）

ガンツ　特に印象に残っている話はありますか？

サイモン　たとえば、猪木さんは昔、コスチュームが太いパンツだったんですよ。それを「足の付け根の部分を少し細くすればもっと足を長く見せられるよ」って言って、細いパンツに替えたのは美津子さんなんです。

椎名 あのアイデアは美津子さんだったんですか！

玉袋 新日と全日の違いはそこだもんな。全日はパンツをヘソまで上げちゃってよ（笑）。そういう意味では、美津子さんの貢献度っていうのは大きいんですよね。旗揚げ当時は、宣伝カーのウグイス嬢をやったっていう有名な話があったり。

サイモン 「大変だったけど凄く楽しくて、苦しいという気持ちはなかった」っていう話をよく聞かせていただきましたね。旗揚げ当時の新日本は全然利益が出ていなかったので、美津子さんが自分の給料から藤波さんや山本小鉄さんの給料を出してあげたとか。

椎名 そうなんですか!?　そういうの当時の選手は知ってるんですかね。

サイモン どうなんでしょう。だから猪木さんの奥さんというより、相撲部屋の女将さんみたいな感じですよね。あとはモハメド・アリ戦の裏話を聞かせていただいたりとか。

玉袋 うわっ、聞きてえ～！

サイモン もし、いまの格闘家が有名なボクサーと闘うために莫大な借金を背負ってまで自分で大会を開くってなったら、まず奥さんが「アホか！」っていう話じゃないですか（笑）。

ガンツ まあ、そうですね（笑）。

サイモン 離婚されてもおかしくないと思うんですよ（笑）。でも、それを「いいよ、アントン。やりなさい」って後押しして、女優の仕事を休んで一緒にアリ戦の会見にまで出てくれる人って、もういないだろうなって。

玉袋 そういった秘話を美津子さんから直接聞けたっていうのは財産ですね。

サイモン 本当に貴重なお話をいろいろ聞かせてもらいました。

玉袋 じゃあ、猪木さんからそういう話を聞いたこともあるんですか？

サイモン 猪木さんはあまり話さないんですよ。本当に忘れてるのか、それとも話したくないのかはわからないんですけど。

玉袋 猪木さんのインタビューでも、裏話みたいなことは語らないもんな～。

サイモン そうですね。聞いても違う話にしちゃったりとか。

玉袋 猪木さんは最後までそれをまっとうしたよね。

ガンツ サイモンさんはＵＦＯに関わる前、大学卒業後は電通やコカ・コーラにいたんですか？

サイモン ちょっとだけですね。アトランタオリンピックの最中に電通にいて。

玉袋 アトランタオリンピックにも関わっていたんですか。

ガンツ あのとき、聖火点灯はモハメド・アリですもんね。

玉袋 そこにつながるわけか。で、コカ・コーラにもいたと。

サイモン　お父さんがコーラに勤めていたので（笑）。

玉袋　じゃあ、そういう関係上、ペプシは飲まないとか？

サイモン　子どものときはたしかにそうなんですけど、ウチのお父さんってコーラに入って、次にペプシに行って、それでアントントレーディングを経て、またコーラなんです（笑）。

ガンツ　凄い職歴ですね（笑）。

玉袋　スカッとさわやかな感じがするね（笑）。

サイモン　でも、お父さんがコーラで働いているときは「ペプシはいっさい飲んじゃダメ」とか言われました。

椎名　マジで？（笑）。

サイモン　レストランに行ってコーラを注文したとき、「ペプシになりますけど」って言われたら、「じゃあ飲みません」って断るんで、飲めなかったという（笑）。

玉袋　愛社精神ですよ。というか、ペプシとコーラのあいだにアントントレーディングが入ってるっていうのがおもしろいよな（笑）。

ガンツ　アントントレーディングもうまくいってたら凄かったんですけどね。いま当たっている商品ばかりですもんね。

サイモン　タバスコ、マテ茶とか。たしかに猪木さんはそういうのが早かったんですよね。

「ロス道場では猪木さんとコミュニケーションを取ることができたと。じつはいまAEWにいるレスラーのほうが猪木チルドレンっていう（笑）」（ガンツ）

ガンツ　アントンリブっていうステーキハウスも運営してましたけど、リブステーキもいまなら大人気だったんじゃないかなと。

玉袋　あとはハイセルか。あれも早すぎたＳＤＧｓだよな（笑）。

椎名　でも、あれってまだ残ってるんでしょ？

ガンツ　猪木さんの会社じゃないですけど、ブラジルでサトウキビを利用したバイオ事業は継続されているらしいですね。

椎名　ということは、完全な失敗ではないよね。お金の面では失敗だけどさ（笑）。

サイモン　いろいろ早かったんだと思います。

玉袋　アリ戦だって言ってみりゃ、総合格闘技の時代を先取りしたようなもんだからね。

ガンツ　だからこそＰＲＩＤＥ全盛期、猪木さんがアイコンになりえたわけですもんね。ＰＲＩＤＥエグゼクティブプロデューサーという肩書きで。

椎名　当時の猪木さんは、楽しそうで自由な感じだったよね。

玉袋　あの頃は最高だったよ。ＰＲＩＤＥの激しい試合があって、その合間に「ファイッ！」っていう掛け声とともに『炎のファイター』が大音量で流れたらさ、俺なんかもう誰よりも先に立ち上がって、大・猪木コールだよ。

ガンツ　全盛期のＰＲＩＤＥで、どんなファイターよりも人気があったのは猪木さんですもんね（笑）。

玉袋　じゃあ、猪木さんがＰＲＩＤＥに上がっていたときのＤＳＥ（ＰＲＩＤＥ運営会社）からのギャラっていうのは、猪木事務所に入っていたんですか？

サイモン　猪木事務所ですね。猪木さんだけでなく、藤田（和之）さんや安田（忠夫）さんも猪木事務所がやってました。当時、ボクは直接関わっていたわけじゃないんですけど、藤田さんのセコンド関係。たとえばマルコ・ファスやブライアン・ジョンストンとか、あとはドン・フライなんかが来たときに猪木事務所の関係者としてお手伝いをしてました。マルコ・ファスの通訳として、藤田さんのセコンドに一緒に入ったりとか。

玉袋　そのへんの外国人選手たちは、ロス時代にパイプができたってことですよね。

サイモン　そうですね。徐々に。

ガンツ　あのへんはサイモンさんが開拓していったんですか？

サイモン　全部じゃないですけどね。当時、新日本に来ていた外国人だと、ＷＣＷ関係はブラッド・レイガンズさんやマサ斎藤さんがやっていたんですよ。でも猪木さんは、ＷＣＷの選手はギャラが高いのにエンタメが強すぎるから、もうちょっと新日本に合った外国人を育てなきゃダメだって言っていたんです。それで新日本のロス道場ができて、あそこで外国人選手に猪木さんのプロレスを叩き込んで育てて新日本に送ったら、闘魂やストロングスタイルが消えずに受け継がれていくんじゃないか、という考えだったんです。

ガンツ　それは凄くいい考えですよね。昔はタイガー・ジェット・シンもスタン・ハンセンも、まず新日本に呼んで、猪木さん自身が闘っていくことで外国人レスラーを育てていましたけど、それを来日させる前にロスで育てるという。

サイモン　ロスに道場があれば猪木さんが来て教えることもできるし。日本からも真壁（刀義）さんが来たり、垣原（賢人）さんが来たり、デビューしたばかりの中邑真輔選手が来たりして、そこで猪木さんとコミュニケーションを取ることが可能だったんですよ。

玉袋　理想だよ、それ。

サイモン　だからあの当時、ロス道場に来ていた人たちって、意外と猪木さんとの関わりが深いですよ。いま新日本は棚橋さんを前面に出して、猪木さんに関するコメントも棚橋さんが出していますけど、棚橋さんと猪木さんの接点はそんなにないんですよね。

玉袋　関係と言えば、札幌の猪木問答くらいか。

椎名　あと刺されたあと、PRIDEのリングで挨拶させられたりとか（笑）。

サイモン　いま、新日本に残っている人のなかでは、当時ロス道場にいたロッキー・ロメロとかTJP、あっちのほうが猪木さんをよく知ってるし、コミュニケーションを取っていたんで仲がよかったんですよ。

ガンツ　いま、AEWにいる元ロス道場の人たちのほうが、じつは猪木チルドレンだったという（笑）。あとロス道場はMMAファイターも来てましたよね。

サイモン　元UFCもいたし、元WWEもいましたね。

椎名　その両方を取り込めるのが猪木さんですよね。

「新日本内部がグチャグチャで『どうせ潰れるなら自分が社長をやります！』ってヤケクソで手を挙げたら、猪木さんが『よし、わかった！』と」（サイモン）

サイモン　とにかくロス道場は、〝猪木フィルター〟をかける場だったんです。たとえばWWEにいたチャイナ（ジョーニー・ローラー）。彼女はWWEを辞めたあと、なぜかロス道場に辿り着いたんだけど、日本のスタイルがまったくわからないからと、そこでガッチリ練習してから新日本に送り込まれたんです。

玉袋　新日のドームにも出てたもんな。

ガンツ　蝶野さんと一騎打ちをやってましたからね。新日で男vs女の試合がおこなわれたのは、画期的でしたよ。

玉袋　それが単なるエンタメじゃなくて、ロス道場でストロングスタイルを叩き込まれてからやってるっていうのがいいよ。

サイモン　だからロス道場はいい役割を果たしていたんですけど、新日本の本体がだんだん落ちてきて、資金繰りも厳しくなったことで閉めなきゃいけなくなったんです。

ガンツ　「ロス道場は金食い虫だ」みたいになっちゃったんですよね。

玉袋　もったいねえなあ。

サイモン　でも、あとから気づいたんですけど、ロス道場でかかるお金っていうのは、猪木事務所を経由していたんですよ。ロス道場が請求した額に、猪木事務所が上乗せしていたんです（笑）。

玉袋　そこでも猪木事務所は中抜きしてたんだ（笑）。

サイモン　だから猪木事務所の手数料がもの凄い額だったので、そりゃ新日本も嫌がるよなって思いましたね。

ガンツ　猪木事務所のBさんやIさんが私腹を肥やしていたと（笑）。

サイモン　これ、いまだから笑い話になるんですけど。ボクは普段はロスに住んでいて、何カ月かに1回、藤田さんがPRIDEで試合をするときとかに日本に行ってたんですけど、そのたびにIさんのクルマがグレードアップしていたんですよ。日本に数台しかない、ジェームス・ボンドが『007』で乗ってたのと同じBMWに乗っていたりとか。その数カ月後には最新のベンツに乗り換えていたりとか（笑）。

玉袋　なんでプロレス界の人たちっていうのは、こうわかりやすいんだろうな。

椎名　山口日昇までそうだったからね（笑）。

玉袋　プロレス界じゃねえけど、霊能者の下ヨシ子もそうだったからね。最初にテレビに出てたときはきったねえクルマで来てたんだよ。それが霊能者で数字を取るようになってさ、気づいたらこんな長えクルマで来たんだもん。

椎名　ザ・グレート・サスケばりに（笑）。

玉袋　しかも、こんなでっけえサファイアかなんかの指輪してさ。隠しときゃいいのに、これ見よがしにやっちゃうんだよ。

ガンツ　サイモンさんは社長になる前のその頃から新日本にはいたんですよね？

サイモン　徐々に入っていったんですね。UFOのあと、なんか知らないうちに新日本に入っていって、知らないうちに役職が上げられていくと言いますか（笑）。

玉袋　それは猪木さんから特命を受けたというわけじゃないんですよね？

サイモン　ではないですね。本当はブッキング関係のアシスタントだったのが、何もしていないのに急に執行役員になったりして。それから社長をやらなきゃいけない状況になっちゃったんです（笑）。

玉袋　それもまた運命なのかな。

サイモン　その前に草間さんが社長になったとき、スタッフのストライキからクーデターに発展するようなことが起きちゃったんですよ。

椎名　マジですか？

ガンツ　「社長の言うことは聞かない！」みたいな感じで一致団結したらしいですね？

サイモン　それで困ったことになって。ダチョウ倶楽部のギャグみたいに、みんながやらないからボクが社長をやることになっちゃったんです（苦笑）。

玉袋　「どうぞ、どうぞ」って、それ絶対に貧乏くじだよ！（笑）。

サイモン　次の社長をどうするかっていう話になったとき、当時の新日本上層部の社員の名前がひとりずつ上がっていったんですけど、みんな猪木さんとしては「ダメだ」みたいな感じで。それで最終的に「じゃあ、俺がやるしかないな……」っていう（笑）。

ガンツ　火中の栗を拾うが如く（笑）。

サイモン　とにかく新日本内部がグチャグチャで、自分もパニクってたというか、「どうせ潰れるなら自分がやります！」っていうヤケクソな気持ちで手を挙げたら、猪木さんが待ってましたとばかりに「よし、わかった！」と了承して、社長になることが決まったんです。

玉袋　草間さんからの引き継ぎはあったんですか？

サイモン　引き継ぎというか、何も片づいていないグチャグチャなまま引き渡されたんで、いったい何から先に手をつけたらいいのか、という状況だったんです。社長になってすぐ、経理から「お話がしたいです」って言われて部屋で会ったとき、「この会社、本当にヤバいですよ」って言われたんですよ。

椎名　いきなりの余命宣告みたいですね（笑）。

「レスラーが身体を張って稼いだお金をネコババしてるようなもんだよ。日プロ時代から何も変わってねえじゃねえかっていう（笑）」（玉袋）

サイモン　草間さんって一時、「新日本を黒字化した」って言っていたと思うんですけど、それは数字のトリックだったんですよ。一定期間支払いをすべて止めて収入だけにすれば、そのときだけは黒字になるじゃないですか？　支払いをすれば大赤字なのに、そうやって黒字ということにしていたんです。

玉袋　これは、いきなり末期症状だな（笑）。

サイモン　だから経理からすると「本当にヤバいですよ」ということで。自分もそこで初めて数字を見させてもらって、「なんじゃこりゃ!?」ってなったんですよ。それで次の瞬間「どうしよう……」っていきなり危機感に襲われて。当時はまだシステムもわかっていなかったので。

ガンツ　プロレス業界の特殊な仕組みがわかってなかったと。

サイモン　それと日本の会社のシステムもよくわかっていなかったんです。アメリカの感覚だったら、コーポレーション的に潰れても借金が個人には来ない作りになっているんですけど、日本だとそれが全部個人に来ちゃうじゃないですか。だから、それまで「日本の社長はなんでよく自殺するんだろう？」って思っていたんですけど、自分が社長になって「あっ、だからみんな自殺しちゃうのか」って理解するという（笑）。

玉袋　それを笑って言えるサイモンさんが凄いよ（笑）。

サイモン　当時はまだ若いし、何もわかっていない状況のまま勢いでやっていたら、とんでもないところに入っちゃったという状況ですね（笑）。

ガンツ　サイモンさんが社長に就任したのって、まだ32歳ぐ

らいでしたよね？

サイモン　そうですね。当時はベテラン社員が多かったので、その人たちにサポートしてもらえばなんとかやっていけるかなと思っていたんですけど、逆に勝手なことをいろいろされちゃって（笑）。社長の承諾もないままハンコを勝手に押されちゃってたりとか、自分が知らないうちにお金をどんどん使われていたりして。

玉袋　うわ〜、ひでえな。

サイモン　チケット収入も営業社員にコレ（懐に入れる）されてたり。「これ、おかしいな？」と思うことをちょっと調べると、あらゆる不正がいっぱい出てくるような状況で（笑）。

ガンツ　芋づる式ですね（笑）。

玉袋　日プロ時代から変わってねえじゃねえかっていう話だよな（笑）。

椎名　だから2000年代の新日本って、PRIDEが出てきた影響で落ちていったって言われるけど、そこまで大きな理由じゃなくて、社内の乱脈のほうが問題だったってことだよね。だってPRIDEがあっても、プロレスだっていまよりも人気あったじゃん。

ガンツ　あの時代、ノアは東京ドームを2度超満員にしていますし、全日本だっていまより遥かに集客していましたからね。

玉袋　でもチケットの売り上げをコレするとか、ひでえよな。レスラーが身体を張って稼いだお金をネコババしてるようなもんじゃん。

サイモン　そういう犯罪的なこと以外でもやりたい放題だったんですよね。たとえば名古屋で興行があると、選手は新幹線のグリーン車で往復して、巡業のバスは名古屋駅から会場までのピックアップだけに使ったりしていたんですよ。それを「こんな赤字状況だから申し訳ないけどグリーン車はなしで、東京からバスで行ってくれ」ってお願いしたりとか。

玉袋　ちゃんと営業のコースを切って、効率的にバスで巡業すればいいわけですからね。

サイモン　あとは若手選手が野毛の道場から事務所まで来るのにタクシーで来て、領収書を経理に出してからまたタクシーで帰るというのが、当たり前におこなわれていたり。あと北海道の月寒ドームっていう、新千歳空港からけっこう遠い会場をよく使っていたんですよ。

ガンツ　新千歳空港からどころか、札幌中心部からもけっこう距離ありますよね。

サイモン　それなのに、ほとんどの選手が相乗りもせずにひとりでタクシーに乗って行くんで、それだけでもの凄い額になっちゃうんです。「頼むからそういうことはやめてくれ！」ってお願いして（笑）。

玉袋 それが染みついちゃっていたんだろうな。ステータスだと勘違いしたというかさ。

サイモン 草間さんもそういう部分を正そうとしてやっていたんですけど、それでアンチが増えちゃった部分もあったんです。

椎名 草間のせいで旨味がなくなったと。ひどいね（笑）。

サイモン 自分も新日本を潰さないためには、そういうことをなくさなきゃいけないんで、選手やスタッフに話をしたんですよ。「申し訳ないけど、今後そういうことはやめてくれ」って。

玉袋 そうしたら選手もカタくなっちゃったりするんだよな。

サイモン そうなんですよね。

玉袋 悪循環だね、こりゃ。

「ブロック・レスナーが凄く悪者にされましたけど実際は新日本が悪いんですよ。複数試合契約を結んでいたのに途中でギャラを下げろと言ったんです」（サイモン）

サイモン 新日本がそういう苦しい状況のとき、猪木事務所が「あるIT企業から新日本の株を買いたいと言ってきてる」という話を持ち込んできたことがあるんですよ。聞いてみると、株を売れば猪木さんにも多少のお金は払うけれど、その後の新日本は、猪木事務所の人間が全員役員になって、すべてをコントロールするっていう話になっていたんです。

玉袋 うわー！ それこそ存亡の危機だよ！（笑）。

サイモン そうなると、既存の社員のやりたい放題にプラスして、新日本のことを考えていない猪木事務所がメインで運営する話だったので、「これを受け入れたら、新日本は本当に終わっちゃうな」と思って、それだけは阻止したんですよ。

椎名 サイモンさんが人知れず新日本を守っていたんですね！（笑）。

ガンツ じつは核のボタンが押される寸前だったキューバ危機みたいな（笑）。

サイモン そのあとユークスさんから話が来たんです。ユークスさんは猪木さんの株を買って、借金も背負ってくれて、一度リニューアルしてから、猪木さんと一緒に新しい新日本を作り上げていくっていう、凄くいい話で。

玉袋 そんなにいい話だったんですか。

椎名 特に借金がなくなるのがいいですね（笑）。

サイモン ユークスさんは『闘魂列伝』というゲームを出していたじゃないですか。

玉袋 あれは名作だよ！

ガンツ 凄く売れたんですよね。

サイモン だから「新日本のおかげでユークスは大きくなっ

たから、その恩返しをしたい」という話だったんですよ。それで猪木さんもユークスに株を売って、最初はうまくいっていたんですけど、ユークスさんのほうでも当初の話からだんだん違ってきてしまって。2006年に猪木さんが、アリ戦の30周年記念興行を新日本でやる計画を進めていたんですけど、結局はユークス側に反対されてできなくなっちゃったんですよ。

ガンツ　そういえば、日本武道館でやるはずが頓挫しちゃったんですよね。

サイモン　そのとき、猪木酒場の経営関係の人から「新日本に居続けたら猪木さんの自由がなくなるなら、ウチがお金の面で協力するので出ちゃったほうがいいですよ」という話になって、そこでIGF（イノキ・ゲノム・フェデレーション）が生まれてしまったんです。

椎名　そういう経緯があったんですか。

玉袋　そのとき、サイモンさんの立ち位置はどうだったんですか？

サイモン　ボクはしばらく新日本に残っていたんですけど、ユークス体制になった瞬間、いままで我慢していたアンチ猪木派が一気に出てきて凄いことになっちゃったんですよ。社内がアンチ猪木と猪木派に分かれてしまって、アンチ猪木のほうが人数が多かったものだからユークスに取り入って、猪木派の肩身がどんどん狭くなっていったんです。

玉袋　そして猪木さん自身も不満が溜まっていっていたでしょうね。

サイモン　そのタイミングで「新日本を出たら自分たちがサポートします」っていう社長さんが現れて、猪木派のスタッフはみんな新日本を辞めてIGFに行ったんですよ。自分は新日本のことが大好きだったので、このまま続けたい思いがあったんですけど、猪木さんも猪木派の人たちもみんな出て行ったら居場所がなくなって、出て行かざるをえなくなってしまったんですよね。それで自分からIGFに行ったんです。

玉袋　凄い激動の人生だよ。

ガンツ　IGFの旗揚げ戦（2007年6・29両国国技館）は、ブロック・レスナーvsカート・アングルというスーパーカードが実現して大成功でしたよね。あのカードはサイモンさんが動いたんですか？

サイモン　ボクがやりましたね。

ガンツ　あのとき、レスナーがIWGPヘビー級の（3代目）ベルトを持ったままIGFに登場して、そのままIGFでIWGPタイトル戦としておこなって、しかもアングルが勝って王座移動して大問題になりましたけど。あれって、新日本に対する嫌がらせみたいな思いもあったんですか？(笑)。

椎名　そりゃあ、あるでしょう（笑）。

サイモン　いやいや、全然そうじゃないんですよ（苦笑）。

あのとき、ブロック・レスナーが凄く悪者にされましたけど、実際は新日本がいちばん悪いんですよ。

ガンツ　そうなんですか？

サイモン　新日本とブロックは複数試合契約を結んでいたんですけど、その契約の途中で新日本が「ギャラを下げろ。下げないなら使わない」って言い出して。それに対してブロックが「ちゃんと契約も結んでいるのに、話が違うじゃないか」って怒っていたんです。

玉袋　そりゃ、ブロック・レスナーが正しいよ。

サイモン　それでブロックはこっちに来ることになり、その対戦相手としてカート・アングルを呼ぶっていうのは、新日本には無理でもＩＧＦなら十分に可能だと思って動いて。ブロックvsカートという、ＷＷＥの『レッスルマニア』でも組まれた当時最強のカードを組むことができたんです。

「ビンス・マクマホンの義理の息子のトリプルHと猪木の義理の息子だったサイモンさんがつながってるっていうのがいいな（笑）」（玉袋）

ガンツ　でも、なんでブロック・レスナーが新日本から持ってきたＩＷＧＰのベルトが、カート・アングルに移動しちゃったんですか？（笑）。

サイモン　あのとき、カートはＩＧＦと1試合契約だったん

ですよ。それでボクは「複数回契約にしたほうがいいですよ。もしカートが勝ったら、さすがに新日本もカートを使おうと動きますよ」って話をIGFでしたら、「いや、べつにいいよ」って感じだったから、カートがIWGP王者になったあと、やっぱり新日本が動いたということですね。

ガンツ　それでIGFから来た（非公式）IWGP王者のカート・アングルが新日本に上陸という、不思議なことになったわけですね（笑）。

サイモン　ブロックがIWGPベルトを持ったままIGFに来て、そのままカートとタイトルマッチをやったとき、自分のなかで「新日本に申し訳ないな」っていう気持ちが本当にあったんですよ。だから共通の知人を通じて、新日本にわざと情報が漏れるようにしてあげたんです。要するに「カートと複数契約はしていないよ。そしてベルトはカートが持っているから、カートを呼べばそのまま使えるよ」っていう話をわざと流したら、カートが新日本に出るようになって、中邑真輔とIWGP新旧ベルト統一戦をやってベルトを落としたんで自然な形でベルトが新日本に戻る態勢を作ってあげたんです（笑）。

玉袋　新日本とIGFの絡みあった糸を人知れずほぐしたサイモンさんは素晴らしいよ（笑）。

ガンツ　その後、サイモンさんはWWEともいろいろ仕事をされていますよね。WWEとはどういうきっかけでパイプがつながったんですか？

サイモン　いつからかはあまり憶えていないんですけど、WWEの選手関係担当だったジョニー・エースさんとよく話をするようになったんですよ。エースさんは日本をはじめ、いろんな国から選手をスカウトする一方、使わない選手をクビにもしなきゃいけない立場で、選手をクビにするのってやっぱり嫌じゃないですか。

椎名　嫌な役目ですよね。

サイモン　それで、いつからかこちらにメールが来るようになったんです。「サイモン、今度こういう選手たちをクビにするんだけど、そっちで使えるルートがないか？」みたいな。

ガンツ　ジョニー・エースが選手の再就職先を斡旋してくると（笑）。

サイモン　そういうのが増えてきて、IGFも当時はけっこう自由が利いたので、「あっ、いいですよ。その選手、ウチにほしいです」みたいな感じで引き受けていたんです。

ガンツ　それでIGFはボビー・ラシュリーとか、元WWEスーパースターがけっこうたくさん来ていたんですね（笑）。

サイモン　そういうことですね。それでエンタメ色が強くて、猪木さん向きじゃない選手たちはハッスルのほうに「こういう選手が使えますよ」って情報を流していたんです（笑）。

玉袋　ハッスルへの人材派遣までやっていたんですか！　す

げえな、サイモンさん（笑）。

サイモン　それでエースさんとやりとりするなかで、猪木さんのデビュー50周年の年（2010年）に、こっちから「殿堂入りとかできませんか?」って提案したら、それが通って猪木さんをWWE殿堂入りさせていただいたりとか。

ガンツ　猪木さんのWWE殿堂入りまでサイモンさんが関わっていたんですか！（笑）。

玉袋　すげえ〝黒幕〟だよ（笑）。

サイモン　その後、トリプルHさんの体制に変わったんですけど、WWEの会場に行ってトリプルHさんと初めてお会いしたとき、「今後は俺が選手関係について仕切るから、俺とコミュニケーションはつないでおいてくれ」って言われて、そこからいまにいたるまで続いているんです。

玉袋　ビンス・マクマホンの義理の息子のトリプルHと、アントニオ猪木の義理の息子だったサイモンさんがつながってるっていうのがいいね（笑）。

ガンツ　近年、カシンさんや鈴木秀樹選手がWWEのコーチになったりしていたのは、サイモンさん案件なんですよね?

サイモン　そのへんのお手伝いをやるようになりましたね。あと、Sareeeもそうですし、イケメン（黒潮TOKYOジャパン）もそうですね。結局全員戻ってきちゃいましたけど（笑）。

「美津子さんのサプライズ登場を仕掛けたあと、猪木さんに『なんだよあれは』って言われたんですけど、本当に怒ってる感じじゃないんですよ（笑）」（サイモン）

ガンツ　そしていまは、〝闘魂スタイル〟を標榜していろいろ問題になった、中嶋勝彦選手の黒幕なんですか?（笑）。

サイモン　いや、少し手伝ったりはしていますけど、プロデュースとかはガチで俺じゃないんで、全然黒幕じゃないです（笑）。

玉袋　いや、サイモンさんのほうがよっぽど闘魂スタイルだよ。寛子ちゃんと幼稚園の同級生でそこから結婚までして、猪木さんともここまで関わりが深いんだから（笑）。

椎名　人生が闘魂スタイルですね（笑）。

玉袋　間違いねえよ。ここ20数年の〝闘魂〟にすべて絡んでるんだから。

ガンツ　そういえば、新日本30周年の東京ドームで倍賞美津子さんがサプライズで登場したことがありましたけど、あの〝黒幕〟はサイモンさんですか?

サイモン　あれは自分ですね（笑）。

玉袋　あれはよかったな〜。アントンとミツコのツーショットがまさかまた見られるとは思わなかったから、思わず泣いたよ。

ガンツ　やっぱり親族じゃないと口説けないですよね。

サイモン　あれはたまたまなんですよ。美津子さんがロスに遊びに来ていて新日本の昔話をしてくれたとき、「今度、東京ドームで30周年記念大会があるんですよ」っていう話をしたら、美津子さんも「もう30年も経つんだ」って懐かしそうにしていて。それで何かのひらめきで「ドームに来てみませんか？」っていう話をしたら、「いいよ」って言ってもらえたんです。

玉袋　このブッキングはすげえよ！

ガンツ　どんな大物レスラーを呼ぶより、新日本の30周年にふさわしいのは美津子さんですもんね（笑）。

玉袋　本当にそうだよ！

サイモン　それで美津子さんが来てくれることになったんで、どうせだったら猪木さんには内緒にしちゃおうってことになって（笑）。

椎名　猪木さんへの最高のドッキリでしたね（笑）。

サイモン　お客さんもよろこんでくれてよかったなと思ったんですけど。ドームが終わって、猪木さんがロスに戻ってきたあと自分が空港まで迎えに行ったんですけど、クルマのなかで「サイモン、なんだよあれは」っていう感じで文句を言われたんですよ。でも本当に怒っている感じじゃなく、ちょっとうれしいんだけど怒ってるふうの言い方で（笑）。

玉袋　「まいったなあ。おまえ、ふざけんなよ」みたいな（笑）。

椎名　もう再婚してるのに「うれしいなあ」とは言えないもんね（笑）。

サイモン　「こっちもいろいろ大変なんだよ」とか言ってて。自分が「でも猪木さん、興行にはサプライズが必要だって言ってたじゃないですか」って言ったら、猪木さんが笑ってましたね。

玉袋　いや〜、いい話だ。最高だよ！

椎名　アントン&ミッコは、俺たちの永遠のベストカップルですもんね。

玉袋　そのふたりの義理の息子だった人といましゃべってるのが、不思議でしょうがねえよ（笑）。

ガンツ　今回の変態座談会は「猪木外伝」と呼ぶにふさわしい〝神回〟となりましたね。

玉袋　とりあえず俺は、サイモンさんのトゥモロー、明日が幸せになっていただきたいと思ってるよ（笑）。

ガンツ　『アニー』の主題歌のように（笑）。

サイモン　猪木さんの奥さんのBAR『ZUKKO』に行くと、何かカラオケを歌わなきゃいけないような流れになるので、そのときは俺が『トゥモロー』を歌うのが恒例だったんですよ。その場にはだいたいスポンサーさんもいて、この曲

を歌うたびに猪木さんが「じつは娘が昔、『アニー』っていうミュージカルの主役でね……」っていう話をよろこんでしていたんです。それもあってよく歌っていましたね（笑）。

玉袋　『トゥモロー』はサイモンさんの持ち歌だったんだ！

ガンツ　いいオチになりましたね（笑）。

玉袋　いや〜、最高最高。じゃあサイモンさん、これからも〝黒幕〟としてプロレス界での暗躍、期待しています！

自己投影観戦記 できれば強くなりたかった

第145回 闘魂はどこに眠る

椎名基樹

椎名基樹（しいな・もとき）1968年4月11日生まれ。放送作家。コラムニスト。

私は引っ越しをすると、新たな住居周辺の飲食店を、1回は利用するようにしている。家から歩いて行ける範囲にある、おいしい飯屋、特に酒場を見つけることは、生活を充実させるために、とても重要である。

先日、宿題にしたまま、まだ訪れていなかった焼き鳥屋を初めて訪れた。その店は私の家から少し離れていて、個人経営店で、自宅の1階でお店を営業しており、なおかつ店名が、ちょっと古めかしい女性の名前だったので、ローカル色が強く、少し敷居が高く感じていたために宿題店として、最後まで残っていたのだ。

意を決して、初めて訪れたその焼き鳥屋は、結論から言えば、大正解であった。何よりメニューに海鼠があったことが嬉しかった。私は冬には、海鼠をつまみに日本酒を飲みたいと思う。

現在の住む街に引っ越してからは、回転寿司が少しグレードアップした感じの、チェーン店の寿司屋のメニューに海鼠があったので、冬になると必ずそれを食べに行っていた。しかしある日、メニューが改変され「海鼠ポン酢」は、除外されていた。

メニューの改変は残念であったが、商業ビルの中の、言ってしまえば「回転寿司が少しグレードアップした程度」の店なので、「珍味で熱燗を一杯」などという、大時代な客はあまり訪れないだろうなあとも思った。

「♪海ねーずみツマミに日本酒が飲みーたい！」と、私は『リンダリンダ』の替え歌を心の中で歌った。

私は、海鼠が食べたいものの、かといってちゃんとしたお寿司屋さんの敷居は高く、しばらく海鼠難民になっていたので、近所の小さな焼き鳥屋で、それにありつけたことに感激した。他の料理ももちろんとてもおいしかった。

お店の大将は非常に感じが良く、客との距離が近く、とても家族的な雰囲気だったことも、この店を知って良かったと思わせた。

最初に店を訪れたとき、40代前半位の男の客がひとりいて、大将に向かって「今、僕の使命は、この店を存続させることですから」なんて言っていた。そして「とてもおいしい店なので来てください」と、私たちに話しかけてきた。その男は、注文した料理の数も少なく、食事よりも大将の様子をうかがうことを目的に、店を訪れたようだった。

その彼に大将を交えて、会話を進めているうちに、最近、大将が奥さんに先立たれたことがわかった。それまで、良い店を見つけたことに高揚していた気持ちが一気に沈んでしまった。

妻に先立たれることは悲しい。これが、夫に先立たれた妻であったら、「やっと解放されましたねえ。良かったですねえ」なんていう軽口も、有りなんじゃないかと思うけれど（んなわけない？）。奥さんに先立たれたら夫は大変だ。私だって、考えるだけで、恐ろしい。間違いなく、ゴミ屋敷に住むことになっちまう。

その後、家に帰って、ほろ酔いの頭でふと思った。「そうか。猪木も奥さんに先立たれちまったんだな」と。

私は、猪木がなぜ最後まで、病気を押して、幽鬼のような姿で、ＹｏｕＴｕｂｅに出続けたのか、その理由がどうしてもわからなかった。

猪木が最後まで、死を恐れる様子を微塵も見せず、人前に立ち続けたことには、驚き感動した。しかし、猪木は他人に勇気を与えるために、「強く生きよ」とメッセージを残すために、カメラの前に立ち続けたのだろうか？　仮にそう考えたとすると、「他人にメッセージを残そう」などと考えるおこがましさが、私の中の猪木像と、どうしても合致しなかった。

さらに、本誌のインタビューで、前田日明が、まわりの小遣い稼ぎのために、あんな死ぬ間際まで映像を撮られてさ、なんであんなことしなきゃあかんねん。誰がそんな自分の弱々しい姿を見せたいんだよ。俺、その場にいたらまわりにいた連中、全員ぶちのめしていたよ。「おまえら、アントニオ猪木をナメてんのか」って暴れてるよ、と言うのを読んで、さらに私の疑問は深まった。

だが、猪木は妻に先立たれてしまったのだ。

猪木は、妻の眠る場所として、青森に「アントニオ猪木家の墓」を建立した。猪木は現地を訪れ、妻の納骨式と墓の建立式をおこなった。それは猪木が亡くなるわずか5カ月前のことだった。

一方で、横浜のお寺の、アントニオ猪木の両親が埋葬されている「猪木家の墓」の脇に、実弟の猪木啓介氏によって、「燃える闘魂アントニオ猪木之像」が建立された。

しかし、アントニオ猪木の遺骨は、ロサンゼルスに住む、娘の猪木寛子さんが管理しているという。

寛子さんは、猪木が病気になったと聞いて「アメリカにおいでよ。オムツだって替えられるよ。ぜんぜん問題ないからね」と伝えたと、猪木没後のインタビューで話している。

しかし、猪木はその申し出に甘えることをしなかった。独立独歩の気概で、人生を歩んできたアントニオ猪木は、子どもに迷惑などかけたくなかっただろう。さらに猪木には、妻を弔うという仕事があったのだ。

つまり「なぜ猪木は最期まで人前に出続けたのか？」も何も、猪木には最期のときに甘えられる家族がいなかったのだ。

猪木が、もし私のような一般人なら、ひとりで死んでいくことも選べただろう。しかし、英雄・アントニオ猪木が、そんな寂しい死を選べるはずもないのだ。

そんな当たり前のことを、私は焼き鳥屋の大将との会話をきっかけに、やっと気づいたのだった。私は自分の鈍感を恥ずかしく思った。

そして、最期のときまで、自前で生きることを選んだ、アントニオ猪木に今まで以上に共感を持った。

KAMINOGE
KING OF PANCRASE

鈴木みのる
プロレスラー

新居すぐる
総合格闘家

立会人：坂本靖 [パンクラス統括本部長]

「旗揚げしたとき、ずっと残るものを作りたいという
思いがあったけど、もう30年続いてる。
そして30年後にこんな凄いチャンピオンが出てきた」
「覚えたい技術もたくさんあるので
いっぱい練習したいんですけど、いまはまだそれをやる
体力がないので、今年からまずはランニングから（笑）」

祝・パンクラス旗揚げ30周年イヤー！
新旧キング・オブ・パンクラシスト集結!!

収録日：2024年3月5日　撮影：タイコウクニヨシ　写真：©PANCRASE　構成：堀江ガンツ

HYDROGEN
Y-3
KAZE NI NARE
The KING
to the world
心も武装せよ

「今日はなんで呼ばれたんだろうとずっと考えてて、ボクがチャラチャラしてるから怒られるのかな……って（笑）」（新居）

――パンクラス旗揚げ30周年イヤーの真っ只中ということで、今回は『鈴木みのるのふたり言』拡大版としてお届けしたいと思います。現フェザー級キング・オブ・パンクラシストの新居すぐる選手、そしてパンクラスの生き字引である坂本靖本部長にゲストとして来ていただきました！

新居 よろしくお願いします！

坂本 すいません、私までおじゃまさせていただいて。

鈴木 もはや「ふたり言」でもなんでもないっていうね（笑）。

――『みのるの部屋』に改題してもいいかもしれない（笑）。鈴木さんはパンクラスを離れてもう20年以上になりますが、新居選手とは面識はあるんですか？

鈴木 去年の9月、ひさしぶりにパンクラスを観に行って（9・24立川ステージガーデン、パンクラス30周年記念大会Vol.1）、そのときのメインイベントが彼のタイトルマッチだったんだよ（vs亀井晨佑）。スルスルスルッてわかんないうちに相手を極めて勝って、「おー、すげー！」と思ったんだよね。で、帰りにバッタリ会って少し話をさせてもらった印象が残っていて、パンクラス30周年で対談するなら彼がいいんじゃないかって。

――試合を観たときはどんな印象でしたか？

鈴木 強いね。それがいちばんだよ。あと、俺が知らない技を使っていて驚いた。「あれっ⁉ いま腕取りにいったじゃん。腕じゃねえのかよ！」みたいな（笑）。

――パンクラスのベルトを奪取したときのフィニッシュは、アームロック（キムラ）狙いからのシザースチョーク（洗濯バサミ）という、新居選手得意のコンビネーションですよね。

新居 そうですね。

鈴木 技ってどんどん変わっていくんだなと思ったよ。もともとは何をやっていたの？

新居 ボクはもともと北海道で柔道をやっていて、柔道の推薦でこっちの大学に出てきたんです。

鈴木 そこからグレて格闘技に行ったの？

新居 当時アウトサイダーが流行っていて、「不良を倒したらカッコいいじゃん！」くらいの勢いで総合に移っちゃって。

――じゃあ、新居選手自身は不良じゃないと。

新居 ボクは不良じゃないです（笑）。

鈴木 俺もだよ（笑）。

――イメージ的にはアウトサイダー側ですけど（笑）。

鈴木 前田（日明）さんは完全に向こうだけど俺は違う。俺はスポーツ少年だから。

――新居選手は鈴木さんに対してどんな印象がありましたか？

鈴木　俺のこと知ってる？

新居　知ってます。試合をめちゃくちゃ観ていたわけじゃないんですけど、とりあえず怖い人なのかなと思っていて。代名詞が「性格が悪い」じゃないですか（笑）。

――「世界一性格が悪い男」ですね（笑）。

新居　だから今回の対談のお話をいただいたときも、なんでボクが呼ばれたんだろうとずっと考えてて。パンクラスって昔から硬派なイメージで、チャラチャラした感じがまったくない団体だったのに、ボクはチャラチャラしてるから「これは呼ばれて怒られるのかな……」とか、いろいろ考えちゃって（笑）。

――不良のＯＢに呼び出しを食らったんじゃないかと（笑）。

鈴木　不良じゃねーよ！（笑）。俺は単純に、タイトルマッチを観て「すげー！」って思ったのと、パンクラスに「いまの選手で俺と対談するなら誰がいいかな」って相談したら、「ぜひ、新居選手を！」っていう推薦もあったから、来てもらったんだよ。

新居　めちゃくちゃうれしいです。

――大晦日のＲＩＺＩＮでインパクトある勝利を収めたばかりのタイミングでもありますしね。

鈴木　その試合はまだ観れてないんだよ。大晦日はプロレスやってたからさ。しかも代々木第二体育館と後楽園ホールの掛け持ち2連戦で（笑）。

新居　大晦日に2試合やられてたんですか。

「俺たちはプロレスラーだったから、パンクラスを旗揚げしたときはプロレスをしっかりルールを作ったスタイルだった」（鈴木）

――新居選手は大晦日のＲＩＺＩＮで、元ＤＥＥＰフェザー級王者でＲＩＺＩＮ常連の弥益ドミネーター聡志選手を右フック1発でバコーンとＫＯしたんですよね。

鈴木　すげー。

――ドミネーター選手は週6勤務のサラリーマン、片や新居選手は週6朝まで飲んでるパリピみたいな対比もあって。

鈴木　ホントに週6で朝まで飲んでるの？

新居　ホントに飲んでます。ただ、試合の1カ月前からいっさい遊ばなくなるんで、試合前はさすがに飲まないですけど。それまではだいたい朝まで飲んで、昼練、夜練をやって、また飲んでの繰り返しですね。

鈴木　それ、いつ寝てんの？

新居　朝寝てます。

鈴木　あー、朝まで飲んで午前中ちょっと寝てから練習に行

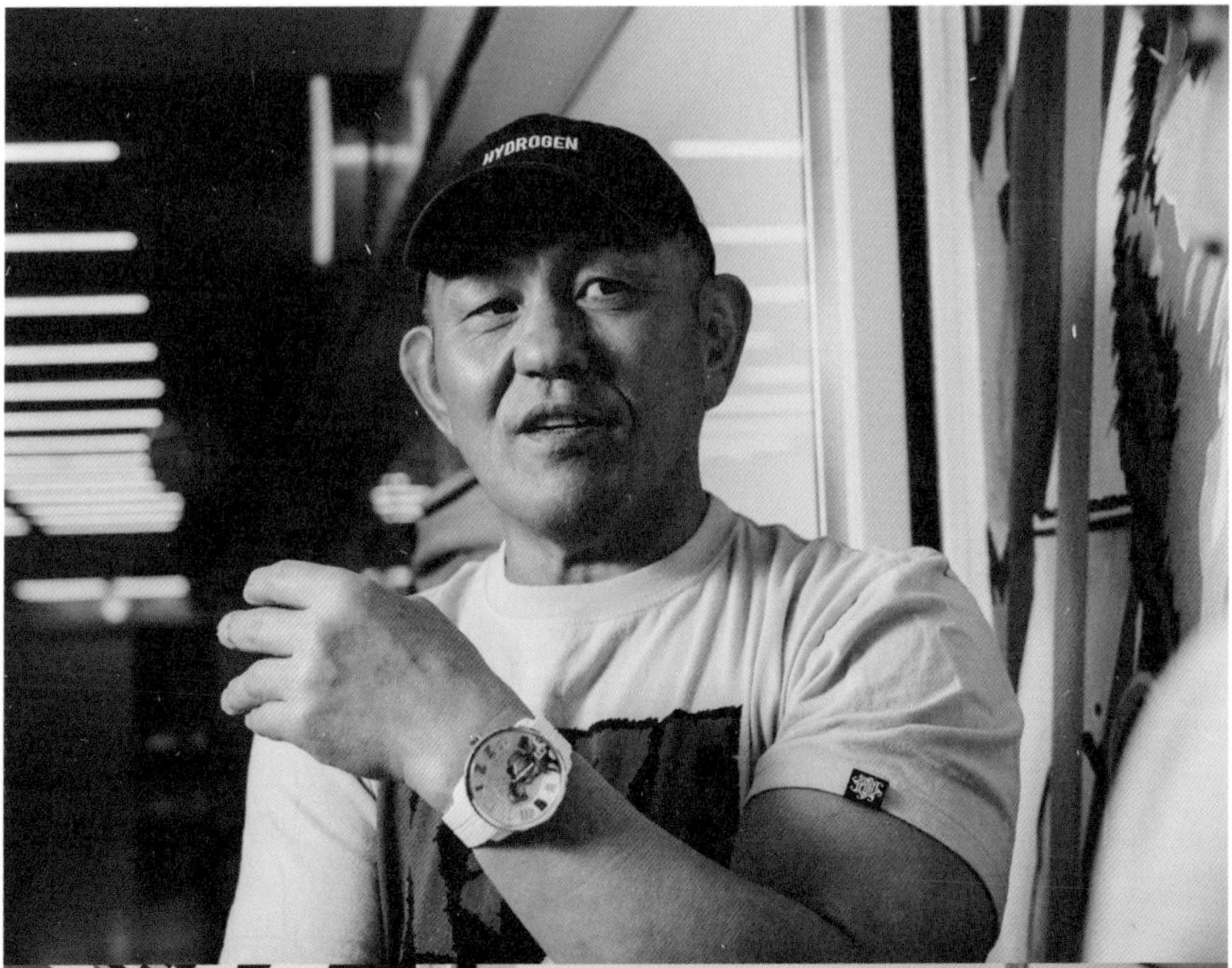
HYDROGEN

Y-3
心も武

くわけか。それならパンクラス旗揚げ当時の俺とあまり変わらないな（笑）。
——藤原組からパンクラス初期ぐらいまでの鈴木さんもそんな感じですよね（笑）。
鈴木　やってたねえ。
——まあ、無茶な飲み方で有名でしたもんね（笑）。
坂本　ボクの額に傷跡があるじゃないですか。これはパンクラス初期に、みんなでお酒を飲んでいるときにピッと切られて、血がピューーッて吹き出した跡ですから（笑）。
鈴木　アッハッハッハ！
新居　えっ、お酒を飲んでて切られたんですか？
坂本　ノリで切られるんですよ。またアルコールが回ってて血流がいいもんだから、ピューってよく飛ぶんですよ（笑）。
新居　それは何で切られたんですか？
坂本　カッターかな？
鈴木　違うよ。瓶ビールの蓋。王冠の角とかだよ（笑）。
新居　それをみのるさんにやられたんですか？
鈴木　そういうことをやるのって俺じゃなくて、だいたい船木（誠勝）さんだよ。
坂本　意外とそうなんですよね、じつは（笑）。
新居　へえー、全然想像つかないですね。
鈴木　みんな勘違いしてるけど、あっちのほうがキ◯◯イだから（笑）。
——「マッドネス」を自称してるくらいですからね（笑）。じゃあ、鈴木さんは煽るくらいだったんですか？
鈴木　いや、俺もやってたな（笑）。
——やってたんかい！（笑）。まあ、当時の体育会系あるあるみたいなもんですね。
鈴木　旗揚げした頃のパンクラスの映像とか観たことある？
新居　そこまで昔のものはないですね。
鈴木　当時は、総合格闘技っていう試合形式自体がほとんど存在しないようなもので。ＵＦＣも最初は「アルティメット・ファイティング」と呼ばれていて、ひどいルールだったんだよ。素手で殴って、時間無制限で、押さえ込んで金玉殴ってＫＯとか、意味わかんないルールだよね（笑）。
新居　それはＹｏｕＴｕｂｅで観たことがあります（笑）。
——キース・ハックニーvsジョー・サンですかね。相手の喉仏をつかみながら金的を殴って、最後はパンツまで脱がされそうになったジョー・サンがギブアップという（笑）。
鈴木　それと同じ頃にパンクラスが旗揚げして。もともと俺たちはプロレスラーだったんだけど、プロレスをしっかりルールを作った闘いにしたスタイルだった。だから当初、ＵＦＣとパンクラスは違う方向を目指していたんだけど、いまは競技として1個になった感じだよね。俺がアメリカに行くと、MMAの関係者によく言われるんだよ。「ルールが整備されたパンクラスとノールールのアルティメットファイトがあって、それがひとつになって、いまのUFCになったんだ」って。そういうふうに言ってもらえるのはありがたいよね。

「RIZINに出始めると、それまで出ていたところに出なくなる選手が多いんですけど、ボクはパンクラスの選手として闘っていく」（新居）

――最近、UFCのレジェンドでもあるケン・シャムロックやバス・ルッテンなんかも、ポッドキャストとかで「原点はパンクラスなんだ」という話をよくしていますよね。

鈴木　モーリス（・スミス）もそうだよね。ただ、このあいだシャムロックがポッドキャストで間違った情報を流していたんだよ。「俺は昔、日本に修行に行った。そこで俺はスズキにスパーリングでボコボコにされたんだ」っていう話の流れから、「スズキは人を蹴り殺してる。これは事実だ」っていう話になって（笑）。

――「練習生を殺めている」みたいな話ですよね。ボクも一瞬「うわっ、そうだったんだ……」と思ったんですけど。

鈴木　信じるなよ！（笑）。たしかに旗揚げ当時、練習生の事故はあったんだよ。でも、これはまた別の問題で、みんなわかってることだから反論するようなことじゃないんだけどさ。まあ、でも俺の場合、キャラクター的にやってそうじゃん（笑）。

――アメリカでのニックネームは「マーダー・グランパ」、直訳で「殺人じじい」ですからね。「ギミックじゃなかったんだ！」っていう（笑）。

鈴木　アメリカのポッドキャストだし、箔がつくからべつにいいやと思って（笑）。

――昔は、パイルドライバーで人を何人か殺してるっていう触れ込みのレスラーもいましたもんね。そういう意味では、現代の〝キラー〟バディ・オースチン的な（笑）。

坂本　また、ずいぶん古い名前が（笑）。

鈴木　この前、アメリカで試合したとき、アメリカン・トップチーム所属のUFCファイターが観に来てたんだけど、あきらかに犯罪者を見るような目で俺のことを見てるんだよ。「おい、やべえのがいるぞ……」みたいな。それはそれでちょっとうれしいよね（笑）。

――UFCファイターにも恐れられる存在（笑）。新居選手がもともと総合格闘技に興味を持ったきっかけはなんだったんですか？

新居　ホントに「不良を倒したらモテるな」くらいの気持ちで入っちゃったんですよ。そしてパンクラスに上がりたいと思ったきっかけは、ボクが総合格闘技を始めた頃、フェザー級はダントツでパンクラスが強かったんです。

鈴木 その頃は誰がチャンピオンだったんだろう？

新居 当時は外国人がチャンピオンで、ランカーにはいまＲＩＺＩＮに出ているクレベル・コイケや矢地祐介がいて。海外からも強い選手がやって来るし、日本人の強い選手、しかも華がある選手もたくさんいたので、「ここで勝てたらカッコいいな」っていう感じでパンクラスを選んで闘わせてもらいましたね。

鈴木 でもパンクラスは昔から、強くなってチャンピオンになって有名になり始めると、みんなお金でよそに持っていかれちゃうんだけどね（笑）。

坂本 まあ……（苦笑）。

新居 たしかに、いまもＲＩＺＩＮに出始めると、それまで出ていたパンクラスやＤＥＥＰにはもう出なくなる選手が多いんですけど。ただ、ボクはパンクラスを代表して、他団体の強いとされている選手を倒すっていう感覚でＲＩＺＩＮに出ているので。これからもパンクラスでも試合をしていきたいですし、不義理なことはしたくない。パンクラスで育ててもらったからには、パンクラスの選手としてこれからも闘っていこうと思っていますね。

坂本 ありがとう！！！！

鈴木 でも、そうやって言ってくれる選手はけっこういるんだけど、だいたいはちょっと積まれると行っちゃうんだよ（笑）。

新居 でも自分は欲がないというか、お金はべつに格闘技のほうで稼がなくてもいいと思っているので。

――「バウンサー」という経歴を前面に打ち出されることがありますけど、いま実際の仕事はどういうことをされているんですか？

新居 ボクはこの3年くらい格闘技とＳＮＳしかやってなくて。クラブセキュリティは一応所属はしているんですけど、ＴｉｋＴｏｋとかの撮影のときだけですね。

鈴木 ＳＮＳって、それでメシが食えてるの？

新居 もう好きなことができますね。

鈴木 それはＹｏｕＴｕｂｅ？

新居 ＹｏｕＴｕｂｅとＴｉｋＴｏｋで、案件とかもらったりもそうなんですけど、それで生活はできてます。

鈴木 すげー。そうなんだ！

新居 だから去年試合したパンクラスとＲＩＺＩＮのファイトマネーも全部寄付して、自分ではいっさい使っていないんで。

鈴木 それはどういうところに寄付してるの？

新居 去年から北海道で動物愛護団体を始めたので、そっち

心も武装せよ

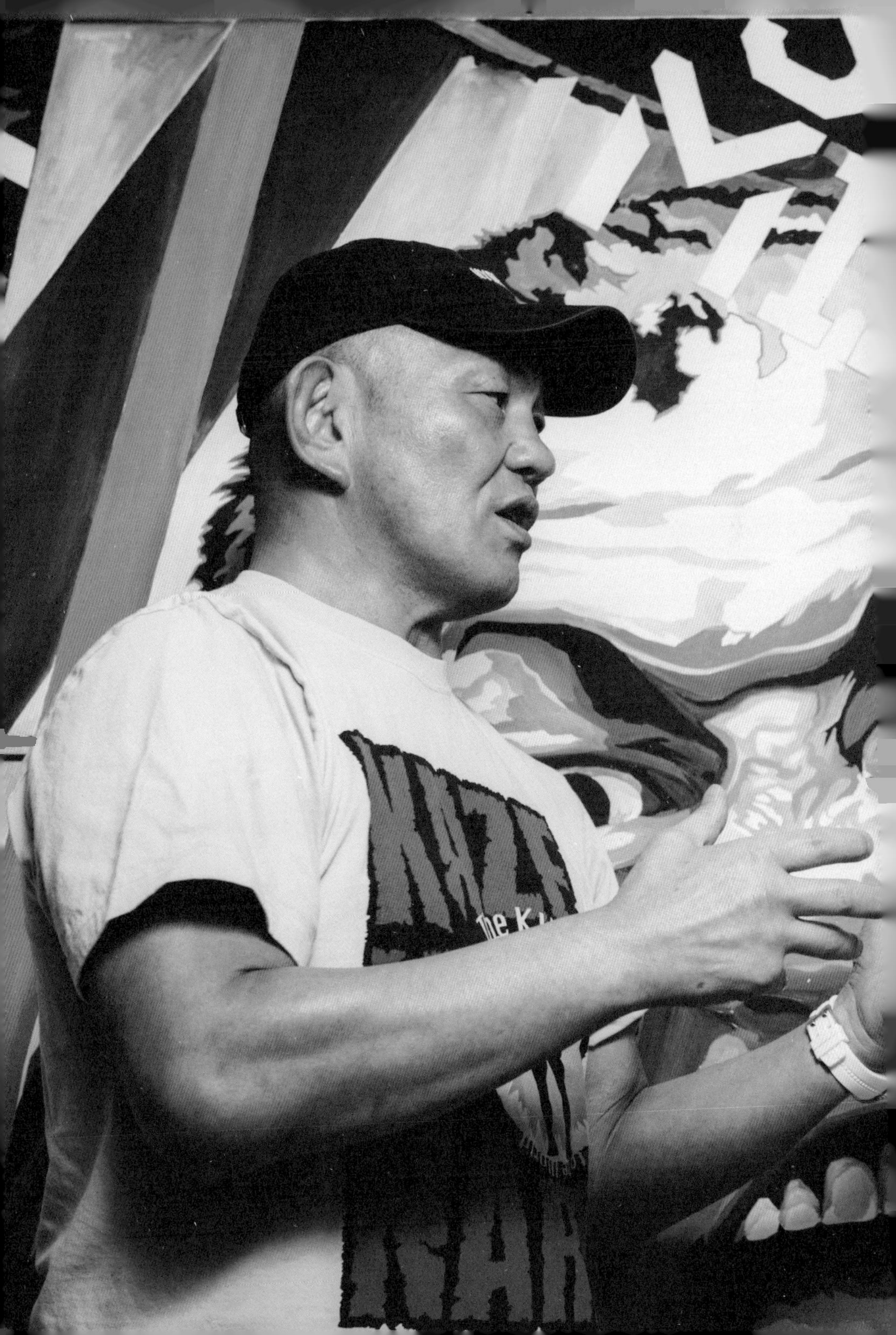

のほうとか。あとは鳥を保護しているYouTuberの方がいて、その方に寄付をしたり。去年のRIZIN北海道大会では、児童施設の子どもにチケットをプレゼントして観に来てもらったりとか、そういったことをしています。もともと格闘技で稼ごうとは思ってなかったので。

鈴木　ここですよ。昔のチャンピオンとの違いは。俺なんか、いまだにカネ欲しさにがんばってますからね（笑）。

「フィニッシュした瞬間、お客から『うわーっ！』って声が出るじゃん。あれを出せるヤツがプロのチャンピオンだと思う」（鈴木）

――それもプロとして大事なことですからね（笑）。新居選手はそういう活動を昔からされているんですか？

新居　いや、昔はお金がなくて余裕もなかったので、そんなことはできなかったんですけど、動物が好きだったのでいつかはやりたいと思っていたんです。それでSNSでお金を稼げるようになり、そっちで生活ができているから、格闘技のお金はべつに自分で使わなくていいやと思って、そういった活動をするようになりました。

鈴木　凄く立派なチャンピオンだね。

新居　いやいや（笑）。

坂本　自分のところのチャンピオンながら尊敬しますよ。私は赤い羽根共同募金以来、そういうことはやったことがないので（笑）。

――小学校以来ですか（笑）。

坂本　そう（笑）。

――募金箱を持っちゃって（笑）。坂本さんは、新居選手みたいなチャンピオンがパンクラスに現れてどう感じていますか？

坂本　純粋にうれしかったですよね。強さを追求しているだけでなく、おもしろい試合をしてくれるチャンピオンというか。フィニッシュで終わらせようという気持ちを常に持っているチャンピオンなので、第10代フェザー級王者として凄く誇りに思いますね。

――いま5連続フィニッシュ勝利中。しかもKOも一本もどちらもいけるという。

新居　ただ、判定になったら絶対に勝てないっていうのもわかっているので（笑）。

鈴木　えっ、なんで？

新居　自分はもともと体力がないから、「1ラウンドで絶対に決める！」っていう気持ちでいってるんで、2ラウンド目からは延長戦の気持ちで試合しているんです。だからタイトルマッチは5ラウンド制だったんですけど、1ラウンドしか闘う気がなかったんで、2ラウンド目に行ったときはもう延

長戦の気持ちで闘ってましたね（笑）。
坂本　最近、3ラウンドまでやった試合ってある？
新居　ないですね。連勝中の5試合は大晦日のＲＩＺＩＮとパンクラスのタイトルマッチだけ2ラウンドまでいって、あとの3試合は1ラウンド勝利だったんで。
――事情はともかく、かつてのパンクラスの代名詞だった「秒殺」を現在も体現するチャンピオンなわけですね（笑）。
坂本　そういうことになりますね（笑）。
鈴木　俺が観に行ったタイトルマッチもそうだけど、フィニッシュした瞬間、お客から「うわーっ！」って声が出るじゃん。あれを出せるヤツがプロのチャンピオンだと思うから、このまま突っ走ってほしいね。
新居　そう言っていただけるとうれしいですね。いま5連勝してるんですけど、その前は3連敗でなかなか勝てなかったんですよ。それまで自己流で10年くらい格闘技をやっていて、30超えてから初めて人にちゃんと教えてもらって勝ち出したんで。いま33歳なんですけど、自分でもまだまだいけるなって思いますね。
――めちゃめちゃ伸びしろがあるチャンピオンですね。
鈴木　それにしても、よくパンクラスもここまで残ったよね。
坂本　そうですね。
鈴木　旗揚げしたとき、俺が25歳でちょうど30年前。そのときに「50年、100年残るものを作りたい」っていう思いが最初にあったんだけど、「ホントにできるのかな?」って思って始めたら30年続いたからね。そして30年後にこんな凄いチャンピオンが出てきて、坂本さんは30年後もまだパンクラスにいるっていう（笑）。

坂本　気がつけば、ただひとり残り続けているんですよ（笑）。ボクは旗揚げ戦前の1993年5月からいますからね。

新居　えー、マジっすか!?　それは知らなかったです（笑）。

鈴木　しかも坂本さんは最初は違う会社の人で、プロレスが好きな俺の知り合いだったんだよ。それでパンクラスを作るとき、以前坂本さんが「鈴木さん、ボクになんでも言ってください。なんでも手伝いますよ!」って言っていたことを思い出して、「坂本さん、ちょっといいですか?　このあいだ俺に言いましたよね。『なんでも手伝います』って。じゃあ、いまの会社をすぐに辞めて、ウチの会社に入ってくださいい」って言ったの（笑）。

――言質を取ってあることを盾に（笑）。

坂本　だけど会社って引き継ぎなんかもあるから、すぐには辞められないじゃないですか。だから「いや、すぐに辞めるっていうのはできないんです」って言ったら、鈴木さんが「大丈夫。社長の机の上にウンコをしたらすぐに辞められるから」って（笑）。

鈴木　アハハハハハ!　言った、言った（笑）。

坂本　「いや、たしかに辞められるかもしれないけど、そういうことじゃなくて……」って（笑）。

「パンクラスの最初のルールブックは俺が作ったんだよ。2代目チャンピオンの俺が、そこに書かれた定義に則った人間だったかは知らない（笑）」（鈴木）

――それでいざ入社したら流血させられて（笑）。

坂本　ホントに。飲みの席では、割れたビール瓶を突きつけられたこともありますから。

――いま、選手が社員にそんなことをやったら大変ですよね（笑）。

坂本　時代が時代ですからね。コンプラという意識がまるでなかったんで（笑）。

――不適切にもほどがある時代（笑）。それが30年でいろいろと整備されて、いまがあるわけですね。

鈴木　旗揚げ当時は、あらゆることが自己流だったからね。試合もUWFというプロレス団体でやっていたことを競技化するっていうところから、俺と船木さんで何にもわからない状態から始めたからね。当時はまだパソコンもそこまで普及していなかったんで、俺がワープロでルールを打ち込んでさ。

新居　へえー、すげー!（笑）。パンクラスの最初のルールブックは俺が作ったんだよ（笑）。

鈴木　でも、よく作ったよね。それに付け足し、付け足しでいまのルールになってるんで。

坂本　ベースを作ったのは鈴木さんですね。

新居　パンクラスの最初のルールって、どうやって作ったんですか？

鈴木　もともとUWFにもルールブックはあったんで、それをもとにいろんな格闘技のルールを調べてさ。あと、俺は子どもの頃から剣道をやってたんで、武道的な考えも頭に入れながら作ったのを憶えてるね。道場訓みたいなものも盛り込んでさ。

坂本　そうだ。「パンクラスのチャンピオンは人格的にも優れた者でなければならない」とか、ルールに明文化されていましたね（笑）。

新居　それもみのるさんが書いたんですか？

鈴木　書きました。それはたしか相撲から引っ張ってきたんじゃないかな。横綱の定義みたいなものから。2代目チャンピオンの俺が、その定義に則った人間だったかどうかは知らないけど（笑）。

——パンクラスはチャンピオンベルトのデザインも斬新でしたよね。

鈴木　格闘技団体が作るベルトじゃないから、見た感じが違うでしょ？

新居　はい。めっちゃカッコいいです。

鈴木　俺らのスタートはプロレスなんで、プロレスのチャンピオンベルトのイメージで作ったものなんだよ。ただ、日本で始まったパンクラスという格闘技を象徴するようなデザインがほしいってことを伝えたら、鎧兜をイメージしたデザインで作ってくれてね。あれ、じつは兜なんだよ。

新居　たしかに格闘技のベルトっぽくないですね。

鈴木　格闘技団体のベルトってもっとシンプルじゃん。パンクラスはもっと凝ってる感じだよね。

新居　そうですね。

——しかも、30年経っても古くならないデザインですよね。

坂本　あれは形が5層になっているんですよ。それはベルトをデザインしてくれた方が、パンクラス旗揚げ時、デビューしていた所属選手は船木誠勝、鈴木みのる、冨宅飛駈、髙橋義生、柳澤龍志の5人だったので、その5選手に巻いてもらいたいってことで、5層だったんです。

——そういう思いが込められていたと。

坂本　でもまあ、初代王座はシャムロックが持っていって、「あれっ？」ってなったんですけど（笑）。

鈴木　初代王座決定戦、やったね。両国国技館を2日間借りてトーナメントをやって。

——あれ、2日間で最大5試合闘うんでしたっけ？

鈴木　4試合じゃないかな。

新居　どっちにしてもヤバいですね（笑）。

鈴木　初日に1、2回戦。2日目が準決勝と決勝で。俺は1、2回戦を勝ったんだけど、「なんか身体の調子が悪いな……」と思ってドクターに診せたらどうやら肋骨が折れてたみたいで。でも、ちゃんとレントゲンを撮って診断されたらドクターストップになっちゃうから、「あっ、大丈夫です」って言って、別のドクターに痛み止めを打ってもらって準決勝に出たんだよ。いまだと絶対にダメだけど、壊れたまま試合をやったの（笑）。

――ワンデートーナメントならアドレナリンが出続けてやりきれるかもしれないですけど、2日連続で4試合って、いま考えるとムチャですよね（笑）。

新居　聞いたことないですよ（笑）。

坂本　いまならトーナメントで1日2試合っていうのも、「どうなの？」って時代ですからね。

「ボクの試合を観て憧れたり、格闘技が好きになってくれる人が増えればいいなと思ってます。そのために見せ方も磨いていきたい」（新居）

――UFCも当時はトーナメント制でしたけど、ワンナイト・トーナメントだったじゃないですか。でも2日連続で2

連戦って、それとも違うと思うんですよね。

新居 1日2試合やったダメージが来てからの2日目ですもんね（笑）。

鈴木 だから、あのときは両国のホテルに泊まったんだけど、2日目の朝は起きられなかったもん。「あっ、身体が痛い。起き上がれない……なんだこれ？」と思って。そりゃそうだよね、肋骨が折れてたんだから。それで起き上がるまでに2、3時間かかって、「やべえ、どうしよう……」って感じだったよ。

——総合で1日2試合やったあとの2日目の身体がどうなるか、誰もわからないから、全員が人体実験みたいなものだったわけですよね（笑）。

坂本 未知の領域でしたね。

新居 それ以降は、2日連続っていうのはないですよね？

坂本 ないと思うな。まず、選手が参加しないでしょう（笑）。

鈴木 でも第1回ネオブラッド・トーナメントって2日間じゃなかった？ 伊藤崇文が優勝したやつ。

坂本 あっ、あれは2デイズでしたね！（笑）。

鈴木 あのときは後楽園を2日連続で借りてやったんだよ。たしか初日が1回戦で、2日目が準決勝と決勝の2試合。その2日目の決勝、伊藤と柳澤（龍志）が30分やったからね（笑）。

——当時はラウンド制じゃなくて30分一本勝負だから、勝負がつかないと30分いっちゃうんですよね（笑）。

新居 すげー！（笑）。

鈴木 しかも当時は階級もなくて、無差別が普通だったんで。

——その無差別級時代に、身長212センチのセーム・シュルトが混じっているわけですからね（笑）。

鈴木 俺もセーム・シュルトと試合したことがあるんだけど、その日、いつも使っていたリングが事故だか渋滞だかで会場に届かなくて、急きょ別のリングを借りてきて使ったんだよ。そうしたらそれが女子プロレスのリングで、ちっちゃかったんだよね（笑）。

新居 ちっちゃいリングに、でっかいシュルトが上がっちゃったんですか（笑）。

鈴木 俺はテイクダウンして、リングの中央で上からコントロールしてね。当時はロープエスケープのルールがあったんだけど、「ここなら大丈夫だろう」と思って腕十字を極めたら、シュルトの足がロープに届いて「エスケープ！」って。もう漫画だよな。「真ん中で極めたのに、ロープに届いちゃうのかよ！」って（笑）。

坂本 そういうことがありましたね～（笑）。

鈴木 それでパニックになって、「うわっ、どうしよう……」と思いながら、タックルで飛び込んだらカウンターでヒザ蹴りをバーンともらって、ノックアウトで負けたんだよね。

坂本　当時は大会終了後に事務所に社長と私と船木さん、鈴木さんなんかが集まって、反省会というかミーティングをおこなっていたんですけど、あの日は「シュルト対策でリングをデカくするしかないんじゃないですか?」って真剣に話し合ったのを憶えてますね。「あれ、反則でしょ」みたいな(笑)。

新居　いまでは考えられないですね(笑)。

鈴木　これから先についてはは何か考えてたりしてるの?

新居　ボクはもともと格闘技向きの性格じゃないというか、「強いのがカッコいい」って感じで闘ってきたんで最強を目指してるわけじゃないんですけど、ボクの試合を観て憧れたり、格闘技が好きになってくれる人が増えればいいなと思ってますね。そのためには強さだけじゃなく知名度も必要だし、見せ方も必要だなと思ってるので、そこを磨いていきたいですね。

鈴木　見せ方を磨くなら、プロレスもヒントになると思うよ。

新居　それは本当に思っていて。ボクは格闘技もプロレスもあまり観たことなかったんですけど、今回、対談のお話をいただいて鈴木さんの試合をYouTubeなんかで観てみたら、特別なことをするわけじゃないのに歓声がヤバいし、カッコいいじゃないですか。海外で試合をされている映像を観ても、『風になれ』で入場してきて、ニヤリとするだけで歓声が「うわーっ!」と起こったりして、自分もそこを目指したいですね。

鈴木　いま、世界中いろんなところで試合をしてるんだけど、その土地土地で反応が違うからおもしろいよ。プロレスも好きになってもらいたいね。逆に俺はいま、格闘技のファンだから(笑)。

——鈴木さん、いろいろ観てますよね?

鈴木　俺、ABEMAのPPVとかよく買ってるからね。ONEとかK-1のビッグマッチを。ひとりで酒飲みながら、「おー! すげえ!」とか言って観てるよ(笑)。

新居　ホントに格闘技がお好きなんですね。ボクは家で格闘技を観ないんで(笑)。

「パンクラスの30周年記念で特別なカードを組んでほしいね。あっ、新居くん、ジョシュと無差別級のタイトルマッチをやったらいいじゃん!」(鈴木)

鈴木　俺も自分がやっていたときはまったく観てなかったんだよ。でもパンクラスを離れてから観るようになった。なので、いま自分はプロレスをやってるから、プロレスの映像はまったく観ない。自分の試合も他人の試合も。いまは完全に趣味として、パンクラスやONE、K-1なんかを観ているね。

——でも、いまの選手でほかの選手の試合を観ないって珍しいですよね。

新居　対戦相手の試合も3試合くらいしか観ないいんですよ。そのかわりコーチが何百回も観てくれるんで、そのコーチの話を聞いて自分はやっていますね。

——そのほうが相手に左右されずに自分の闘いができたりするわけですか？

新居　観すぎるとビビっちゃうんで（笑）。観れば観るほど、「どうやって勝つんだろ……」ってなっちゃうんですよね。でもコーチはちゃんと分析して、「これだけやれば大丈夫！」っていうメニューを組んでくれるので、だから自分は去年1回もガチスパーっていうか本気で殴り合う練習をしたことがなくて、ドリルしかやらずに1年間を過ごしてきたんですよ。

鈴木　えっ、ドリルってなに？

新居　「こう来たらこうやる」っていう動きを何回もやるんです。自分は、それをちゃんとやっておけば体力をつける必要がないと思っていて、ランニングも去年は3回くらいしかやってないと思うんですよ。

鈴木　それ、絶対に俺のほうが多く走ってるよ。年3回って、一般人より少ないじゃん（笑）。

新居　でも、どっちみち試合時間が短いんで、試合中にスタミナが切れることはなかったんですけど。いまは走らないと練習する体力がないんで、今年は走ろうと思っています。

鈴木　練習するためのランニングなんだ（笑）。

新居　ボクもいっぱい練習して、覚えたいことがたくさんあるんですけど、それをやる体力がいまはまだないので（笑）。

鈴木　技術練習のためのベースとなる体力づくりをこれから始めるって、どんなチャンピオンなんだよ！（笑）。

——昔のパンクラスとは全然違いますね。昔はその体力をつける練習を死ぬほどやらないと、デビューまで辿り着けなかったわけですからね。

鈴木　新居くんはおもしろいね。試合もなんか異種格闘技戦じゃないけど、「えっ、こんなことやるの!?」って思うような、おもしろいことをやってもらいたいな。

新居　ぜひ、やりたいですね。

鈴木　パンクラスも30周年記念で、昔みたいなそういういつもと違うカードも組んでほしいね。

——30周年イヤーで、団体として何か考えていることはあるんですか？

坂本　基本は各階級のタイトルマッチをやる予定なんですけど、ひさしぶりにジョシュ・バーネットの無差別級のタイトルマッチをやりたいと思っていますね。

鈴木　でも、ジョシュの相手がいるかだよね。

坂本　そうなんですよ。

鈴木　いま日本人で無差別をやるヤツっていないでしょ。……あっ、それだ！　新居くん、ジョシュとやったらいいじゃん。

新居　えっ、女子ですか？

鈴木　「女子」じゃなくて「ジョシュ」だよ！（笑）。俺もアメリカでジョシュと練習をやったりするんだけど強いよ。あのデカさであんなに速く動かれたら、誰もつかまえられねえやと思ってさ。力も強いし。

新居　ボクの同級生でＲＩＺＩＮヘビー級の選手（シビサイ頌真）がいるんですけど、２、３年前に彼が巌流島でジョシュに負けたんですよ。

鈴木　あっ、ヒザ蹴りのやつ？

新居　はい。アイツもめちゃくちゃ強いし、日本人としてはありえないくらいデカいんですけど。

鈴木　新居くんがその体格差でジョシュとやったら、めちゃくちゃおもしろいよ。

新居　たしかにめちゃくちゃおもしろそうですね（笑）。

鈴木　おっ、ノッてきた（笑）。

坂本　相手はヘビー級だから、スピードで翻弄して１ラウンドを耐えられたらいけると思うよ。あっ、でも逆に１ラウンド耐えられないんだ（笑）。

新居　そうですよ。ボクは１ラウンド限定なんで（笑）。

――スタミナ勝負ができない（笑）。

新居　なので無差別で闘えるようにするためにも、今年はランニングから始めてみようと思います。

鈴木　まだそっからというね（笑）。でも、これからおもしろいことをやってくれるじゃないかと期待してるんで、がんばって。

新居　はい、ボクがパンクラスの価値を上げられるようにがんばります！

鈴木みのる（すずき・みのる）
1968年6月17日生まれ、神奈川県横浜市出身。プロレスラー。
高校時代、レスリングで国体2位の実績を積み1987年3月に新日本プロレスに入門。1988年6月23日、飯塚孝之戦でデビュー。その後、船木誠勝とともにUWFに移籍し、UWF解散後はプロフェッショナルレスリング藤原組を経て1993年に船木とともにパンクラスを旗揚げ。第2代キング・オブ・パンクラシストに君臨するなど活躍。2003年6月より古巣の新日本に参戦してプロレス復帰。以降プロレスリング・ノア、全日本などあらゆる団体で暴れまわる。2018年6月23・24日、横浜赤レンガ倉庫でデビュー30周年記念野外フェスティバル『大海賊祭』を開催し、大雨のなかでオカダ・カズチカと30分時間切れの激闘を繰り広げる。その後も新日本などの日本国内あらゆる団体で試合をおこなっているが、現在はさらにアメリカやヨーロッパなど海外でも活動をして各地で絶大な人気を誇っている。

新居すぐる（にい・すぐる）
1991年1月13日生まれ、北海道余市郡余市町出身。総合格闘家。HI ROLLERS ENTERTAINMENT所属。
マッハ道場で総合格闘技を始め、THE OUTSIDERやST Fighting Showなどへの参戦を経て2013年9月29日に『GLADIATOR 61』でプロデビューを果たす（モリシマンに1R一本勝ち）。2017年2月5日、『PANCRASE 284』でカイル・アグォンに判定負け。2021年10月24日、RIZIN初出場となった『RIZIN.31』で中村大介に一本負け。2022年2月23日、『RIZIN TRIGGER 2nd』では山本空良にTKO負けを喫する。2023年6月24日、『RIZIN.43』で飯田健夫から1Rに右ストレートでKO勝ち。同年9月24日、『PANCRASE 337』のフェザー級キング・オブ・パンクラス決定戦でランキング1位の亀井晨佑と対戦し、シザースチョークで一本勝ちを収め、第10代フェザー級キング・オブ・パンクラシストとなる。2023年12月31日、『RIZIN.45』で弥益ドミネーター聡志からKO勝ちを収めた。

KAZE
NI
The KING
心も武装せよ

坂本一弘

馬乗りゴリラビルジャーニー（仮）

第43回
『がんばれ！ベアーズ』

構成：井上崇宏

（さかもと・かずひろ）
1969年3月4日生まれ、大阪府大阪市出身。
修斗プロデューサー／株式会社サステイン代表。

――坂本さん、大変です。4月5日から『アイアンクロー』という映画が公開されるんですよ。

坂本　知ってますよ。フリッツ・フォン・エリックの家族を描いたやつですよね。

――このあいだ、その試写会に行ってきたんですけど、エリック一家の悲劇の物語のだいたいのアウトラインをボクらは知っているじゃないですか。ケビン以外の息子が全員非業の死を遂げたこととか。

坂本　そうですね。デビッドが東京のホテルで死んじゃったこととか、ケリーが拳銃自殺をしたりとか。

――まさにそれらを全部、生き残っているケビン目線で描いているんですけど。

坂本　生き証人はケビンだけだから。親父のフリッツは息子をNWA王者にしたかった。当時のチャンピオンはハーリー・レイスとか、レイスからリック・フレアーに変わった時期ですよね。

――坂本さん、パッと出てきますね。さすが元プオタ（笑）。

坂本　いやいや、それくらい常識ですよ（笑）。

――それで今日はこの映画ともちょっと関係のある、ボクが常々思っていることを聞いてほしいんですよ。格闘技とかスポーツの世界にも多いですけど、いわゆる親子鷹、親子二人三脚、芸能界で言うとステージママ。「ズリィじゃん」と思っているんですよ。

坂本　その心は？（笑）。

――子どもを幼い頃からめちゃくちゃスパルタで鍛えて、強えに決まってんじゃんっていう。実の親子だから本人は恨んでたりしていないんでしょうけど、なかには虐待かっていうぐらいにやらせる親もいるわけじゃないですか。

坂本　うまくいった例だけで言うと、たしかにズルいじゃんってなると思うんですけど、果たしてずっと続けられるかどうかって俺は微妙だと思うんですよ。それが継続できなかったら話にならない、継続したからこ

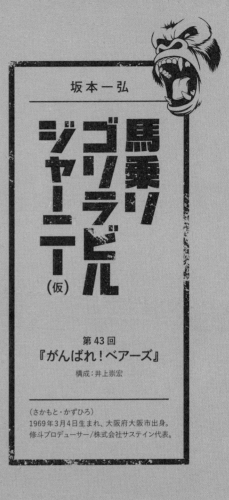

そ成立するんであって。もちろん芸能の世界でも格闘技の世界でも過酷なことには変わりないと思うんですけど、格闘技はもっと過酷ですよ。なぜかと言うと、勝ち負けの世界に縁故って関係がないから。それでエリック一家のことで言うと、プロレスの世界だから政治的な部分とか、金銭面とか、あらゆるところで格闘技とは違うところがあると思うんですね。

——当然そうですね。

坂本　そこは大きく違うところだろうと思いますよね。でも格闘技はどうしても親と比較されるところが「強さ」になるじゃないですか。それが芸能やプロレスだったら、表現力なんかがけっこう問われる世界だから、明確なジャッジができない。見た人がそれぞれいいと思えばいい、悪いと思えば悪いわけだから。でも格闘技の切った張ったの世界だと、どうしても結果に厳しさが出ると思うんですよね。

——たしかにそうですね。でもボクが言おうとしていることは若干違っていて、親が経験者でもなんでもないパターンのことなんですよ。

坂本　なるほどね。いや、井上さんは凄くおもしろいことを言っています。意外にやっていない人間のほうがわけのわかんないことを言えるし、やらせられるんですよ。

——まさにそうなんです。結局、新日本プロレスからUWF、総合格闘技やK－1という歴史を、ボクらの世代は全部見ているじゃないですか。

坂本　そうですね。

——この世代の親がヤバいんですよ。自分はやったことがないけど、いろんな幻想を含んだエピソードとかを吸収して「こういうものだ」っていうことを子どもにやらせてきたから、いま、けっこうな怪物が各ジャンルで生まれてるんですよ。

坂本　そうだよね。あちこちでモンスターが育っているよね。それはすげえいいところに気づきましたね（笑）。あとは実際のプロレスとか格闘技だけじゃなくて、梶原一騎先生の名作の数々や小林まこと先生の『1・2の三四郎』や『柔道部物語』みたいなものも我々の世代は吸収しているじゃないですか。それはねえ、おかしくなりますよ。やったことのない人間のほうがより理不尽にいけるというのは間違いないですよ。

——だけど逆に自分も経験者で、しかもハイレベルで活躍したって人は、幼少期がピークではないとわかっているから、とにかく続けられることを念頭に教えるんですよね。

坂本　ただ、これは賛否両論あるかもしれないですけど、理不尽さっていうのはこの世界においてはひとつの正解なんですよ。だって、やってることがそもそも理不尽なんだから。相手が殴りかかってくるんですよ？　ということは、いかに理不尽なことに耐えられるかを鍛えることも大事なんですよね。

——それももちろんわかります。

坂本　その先は何が大事かって、やっぱり自分自身がやっていることを好きになるということだと思います。そして自分を信じる力。たとえば、どんな理不尽なことでも、あるときに合致することがあるんですよ。「あれ？　親父はわけわかんないことを言ってやらせてたけど、俺、できてんじゃん」と。そうしたら「だろ？」ってことになるわけじゃないですか。

——となると、「正しいことを言ってる人」ってことになりますね。

坂本　だけどまあ、それは成功例を見ているからですよね。けっしてうまくいかなかったって例もいっぱい腐るほどありますよ。

——だからボクも理不尽であることを否定するわけでもないんですよ。よその家のそれぞれの親子のあり方の話なので。でも、そういう親子の物語にはあまり乗れないというか、「べつに他人の俺らが応援する必要ないじゃん」って思っちゃうんですよ（笑）。

坂本　でもね、それが〝素質〟なんですよ。そこの家に生まれてきたことがもう素質なんです。だから、たとえば金持ちの家に生まれて、「おまえは将来社長だよね」となる。そこで「でも、俺は違うことをやりたいんだよ」とかいろいろあったとしても、それも素質なんですよ。それはしょうがないんですよ。生まれたときから決まってるんだもん。

——あとは、そういう親って自営か会社を経営している人が多いんですよ。子どもをマンツーマンで見る、練習の送り迎えができる、たくさん合宿にも出稽古にも連れて行ける。そういう人たちは自分のスケジュールを自分で作れるから。

坂本　自由になる時間がどれだけあるかっていう。基本的にどれだけお金と時間をかけたかっていうのは成長と比例しますからね。それとは違う例だと、ボクシングの亀田兄弟とか単純に凄いなって思いますよ。いろいろ賛否両論はありましたよ。良い悪いはあるけど、実際に3兄弟全員を世界チャンピオンにしたのは凄いですよ。

——結果で証明したパターンですよね。

坂本　俺は大阪の西成という町がどんなところか知っていますから。あそこの飯場で働いていた親父が現場が終わって17時ごろに帰ってきて、メシを作って、そこから練習してですよ。けっして裕福な家庭ではなかったと思う。もちろん、世間からはいろんなことを言われるのもわかるけど、亀田の親父さんはあれしか方法がなかったんじゃないかなって思いますね。だから亀田家のやり方を全部否定する気にはなれなくて、男手ひとつで働いて娘さんを含めた4人の子どもを育てるって相当キツイでしょ。それをやるパワーってやっぱりすげえなと。自分がそれをできるかなって思ったとき、ちょっと無理だよなって思いますもん。

——そうですよね。

坂本　だから大事なポイントは追い込み方なんですよ。あるときには本人に考えさせるっていうこともしていかないといけないと思うし。

——「やっぱ俺、辞めるわ」の選択肢があっていいと思うんですよね。たとえその競技を途中で辞めたとしても、その身についた体幹とか身体能力のベースはのちのちもずっとですしね。それは普通の一般的な生活を送ったとしても財産ですよね。

坂本　これは村上春樹さんが言っていたと思うんだけど、あの人は執筆作業に必要な体力をつけるために毎日走っているらしいんですよ。それで「才能は体力を生まないけど、体力は才能を生む」と。これは凄くいい言葉だなって。

――元気があればなんでもできる、ですね。

坂本　たしかに身体が元気だったらなんかできますもんね。それは正しいことをおっしゃっているなと思いましたよ。

――つまりエリック兄弟は太宰治だったんですね（笑）。クスリや鎮痛剤を常用していて、ゲホゲホしながらリングに向かって、また戻ってきたら死にたい気分になるっていう。

坂本　猪木さんの「元気があればなんでもできる」って真理ですよ。だから子どもたちもとにかく健康に育つことが大事ってことですよね。たとえNWA王者になれなくてもいいから元気でね。

――ちなみに坂本さんの好きな映画はなんですか？

坂本　急だな。俺は『スティング』ですね。あと『がんばれ！ベアーズ』。

――なんかチョイスがずるいですね。坂本さん、これ、『KAMINOGE』ですよ。合コンじゃないですからね？（笑）。

坂本　だから『KAMINOGE』向けにチョイスして言ってるんだよ！　俺は『がんばれ！ベアーズ』を知ってる世代と合コンはしない！（笑）。結局、ああいう最後に一発逆転するストーリーが好きなんですよね。痛快。

――ひょっとして、坂本さんって役者をやったことはないですよね？

坂本　ないですよ。

――よく格闘家でいるじゃないですか。じつは何かの作品にチョイ役で出ていたとか。

坂本　あっ、佐山先生に言われて『六本木ソルジャー』にちょこっとだけ出たことはあった！（笑）。目黒ジムでミット受けみたいなのをやる役をやりましたね。じゃあ、俺からもちなみに聞くけど、井上さんは役者を志したこととかないんですか？

――えっ？　それはあの……言っていいのかな？

坂本　なんかあるんだ？　俺はそういう話が聞きたいんですよ（笑）。

――あまりこれは大きな声では言えないんですけど、このあいだ大井洋一とハンバーグを食ってたんですよ。

坂本　いつも一緒だな。それで？

――そこでボクは意を決して自分の思いを切り出したんですよ。「大井さん、俺らはもうこんな歳だけど、役者をやってみたくない？」って。そうしたら「そんなの、やりたいに決まってるじゃないですか」って（笑）。

坂本　よし、みんなで映画を一本撮りましょう。

――「やりたいに決まってるじゃないですか」っていうまさかの返事が返ってきたので、「じゃあ、本当にみんなに内緒で一緒にお芝居をどっかでイチから習わない？」と。

坂本　いいじゃないですか。そこで強烈に理不尽なスパルタ指導を受けてきて、モンスターになってきてくださいよ。

おもしろい人はなぜおもしろいのかを
調査する好評連載・第39回

お抹茶

『R-1グランプリ2024』ファイナリスト　トンツカタン

「自分で言うのもあれですけど、
本当にボクが最下位でよかったなって思いますね。
ボクみたいな明るいヤツが最下位だったから、
みんなハッピーで終われたというか。
しかし、みんな偉いですよね。
ちゃんと構成を考えたり、演技もちゃんとしていて。
そうしてみんながちゃんとやっているなかで、
ボクは2、3分歌っただけ（笑）」

**“目利きの大井”が誤作動か!?
優勝しそうな感じだったのに
まさかの最下位！
「かりんとうのクルマ」の歌が
耳にこびりつきながら
『R-1グランプリ2024』大反省会!!**

収録日：2024年3月12日　撮影：タイコウクニヨシ　聞き手：大井洋一　構成：井上崇宏

R−1の準決勝がおこなわれたのが2月11日で、そこから3月9日の決勝までのあいだに、さまざまな番組会議で「今年のR−1は誰が優勝するのか?」という話題になる。ボクは今年の準決勝を観た結果、ルシファー吉岡も吉住もネタは完璧で、10回やったら10回決勝に行くんだろうなと思ったし、街裏ぴんくは「ついに見つかった怪物」という感じで、オンリーワンなあのスタイルはきっと決勝で爪痕を残すんだろうなと思いました。

ただ、そのなかでも、トンツカタンお抹茶の「かりんとうのクルマ」というネタが、どういう理屈で生み出されたのかわからないけど、とにかくめちゃくちゃおもしろくて、ボクは各所で「優勝はお抹茶だと思う」と宣言していた。

たとえ優勝はしなくても、きっとかなり話題にはなると思うと予想していたのだが、蓋を開けてみるとまさかの最下位。あぁ、ボクの感覚とは違ったのか……で終わるかと思いきや、ここからお抹茶がさらに話題になっていく。その後の見逃し配信で、なぜかお抹茶のネタだけがカットされているのだ。

きっと何かあったんだろうなと伝わる事態に、「どうやらネタで使用した楽曲について、何かあったらしい」とネットでの推測も盛んになっていった。結果として、優勝に準ずるぐらいの話題になっていた。で、お抹茶のネタにいったい何があったのか?

さっそく本人に聞いてみました!(大井)

「曲の使用に関して、ちょっと認識が甘かったなと。すみません、せっかく取材に来ていただいたのに暗い話で」

——先日の『R−1グランプリ2024』決勝、お疲れ様でした。やっぱり優勝するつもりでいたわけですよね?

お抹茶　そりゃ本当にそう思いましたよぉ。だってまわりが「いけるぞ」って言うから、勝手に優勝すると思っちゃっていましたね。そうしたら最下位で。

——おかしいですね……。

お抹茶　なんだったんですかね? しかも、あのネタで使った曲が……。

——曲がどうしたんですか? いま(※3月12日時点)Ｔｖｅｒでお抹茶さんのネタだけ観られなくなっていますけど、それと関係がある?

お抹茶　明日、事務所が謝罪のリリースを出す予定なんですけど……。あの曲はフリー音源サイトからもらったものなんですけど、サイトの規約違反をしていたみたいなんですよ。その指摘を受けたのがきのうの夕方だったんですけど、「まさか!?」と思って……。

——音源の使用は基本フリーなんだけど、その使い方に問題があったと?

お抹茶　「歌を乗せて使用してはいけない」っていうのがサイトの規約にあって、ボクはそれを見落としていたんですよ。だからいまボクが作曲者の方と連絡を取っていて、謝罪をして、新たにあれに近い曲を作ってもらっているんですよ。その曲でもう1回動画を撮って、YouTubeとかにあげたり、ネタ番組にも出たりしたいなっていう感じになっています。

――そうなんですね! ボクはお抹茶さんがネタで使っている曲はお知り合いの方が作っているという認識だったんですけど、そうじゃなかったんですね。

お抹茶　基本的にほかの楽曲は知り合いに作ってもらってるんですけど、あれだけたまたまフリー音源サイトで見つけたんですよ。それで「いい曲だな」と思って。

――「こんないい曲に歌を乗せたいな」と(笑)。

お抹茶　「これはいい曲だ。降ってくるものがあるぞ」と思ったんですけど(笑)。だからきのうのお昼までは人力舎の社長も褒めてくれてて、「おまえ、やったな! これでたくさん営業で回っていこうよ!」「いろんなところで歌っていこう! 演歌歌手みたいにドサ回りしてこい!」みたいな感じで言われてたんですけども(笑)。本当に曲の使用に関して、ちょっと認識が甘かったなと感じていますね。すみません、せっかく取材に来ていただいたのに暗い話から始まって。もっとバカみたいな話をしたかったんですけど。

――そうですよ(笑)。やっぱ準決勝での手応えは相当ありましたよね?

お抹茶　ありましたね。2回戦も準々決勝もめちゃくちゃありました。

――2回戦から、あのかりんとうの歌ですか?

お抹茶　もう、かりんとう一本で。

――かりんとうを3、4回歌っただけで決勝まで行った(笑)。

お抹茶　はい、3、4回歌っただけで(笑)。実際、それがずっと当たり続けたというか。

――今年は手応えがあるぞと。

お抹茶　「今年はちょっと凄い!」みたいな。今年から芸歴制限が撤廃になったからいろんな人が出ていたじゃないですか。そこで有名な人も脱落していくなか、あのネタだけですり抜けていったので、そうしたらみんなが「優勝もあるぞ!」って勝手に言い出して、チヤホヤしはじめて。

――それで勝手にソワソワして。出番を控えているときはどうでした?

お抹茶　先にルシファー(吉岡)さんが高得点を出した瞬間に「あっ、ちょっと終わったかも。今日はもう楽しもう」って思いましたね。(街裏)ぴんくさんとかもウケてたし、いぶし銀の職人芸みたいな感じというか、「ちょっと思ってい

た大会じゃないぞ」って感じちゃいまして。

——どんな大会だと思っていたんですか？（笑）。

お抹茶　ボクはお祭りだと思っていたので、「全然違うじゃん」って。でも、そこで不安になるのもよくないから「もう楽しもう」と。どうせ気持ちよく歌うだけだし（笑）。でも、いろんな先輩芸人の方たちにも見てもらえて、こんないい機会はないぞと思いながら披露したら、ややウケで。

「ボクのコンディションはひとつも変わっていないし、いちばんいい状態で挑めた。お客さんが悪かったと思うんですよ（笑）」

——ああいうときって怖いですよね。あの手のネタは取り返しがつかないから。

お抹茶　そうなんですよ。ボクもリラックスしすぎちゃって、当日は真空ジェシカのガクさんと、さすらいラビーの宇野と3人でお台場（フジテレビ）に行って、リハーサルをして、本番まで空き時間が4時間くらいあったんですけど、ずっと遊んでいたんですよ。だからそのままのノリで出ちゃったっていう。歌っている途中に「ややウケだな」って思ったんですけど、同時に「みんなが見てくれてる！」みたいな高揚感もあって（笑）。

——じゃあ、焦りとかはなかったんですね？

お抹茶　俯瞰で見すぎてボーッとしちゃってました。それで蓋を開けたら448点でしたっけ？　ちょっとあまり憶えていないんですけど。

——その頃の記憶が定かじゃない（笑）。

お抹茶　いちおう悪夢ってことで思い出さないようにしているんですけど、最下位でしたね（笑）。いやー、笑っちゃったっすねえ。みんなは「優勝する」って言ってたのに……。

——ボクなんかも、もうあちこちで「今年はお抹茶だ」と言ってましたよ。だからいろんな番組の会議で「マジで早くオファーしておいたほうがいい」って言ってて。

お抹茶　めちゃくちゃうれしいですね。

——準決勝まで同じことをやってウケてたのに、決勝までのあいだに何があったんですか？

お抹茶　言っていいのかな……うん。お客さんが悪かったと思うんですよ（笑）。

——アハハハ！　決勝のスタジオの客が悪かったと（笑）。

お抹茶　だっておかしいっすよ。ボクのコンディションはひとつも変わっていないし、なんならいちばんいい状態で挑めたはずですよ。じゃあ、客が悪いとしか思えないんですよ（笑）。

——だとしたら、「これはそちらの問題ですよ」ってことですね（笑）。

お抹茶　そうなんですよ。お客さんたちの体調が悪かったとしか思えないというか。

——あとは画的にスタジオのうしろのセットが豪華すぎて、手作りのかき割りが埋もれてたっていうのも若干感じましたけどね。

お抹茶　あー、そうだったんですね。なんか腹立ってきたなあ……。たしかに今年のR－1は張り切ってましたよね？　これまではもっとシンプルだったのに「なんでこんな豪華にした？」みたいな。なんで勝手にあんなにきらびやかにしてんだか。

——勝手に（笑）。

お抹茶　本当に勝手にですよ。よくないですよ、本当に。

——決勝のあと、トンツカタンのほかのおふたりは何か言ってましたか？

お抹茶　「よくやってきた」みたいな感じでは言ってましたね。結局は最下位でしたけど、「ある意味では爪痕を残したんじゃないか？」と言ってくれていますし、平場の感じとかも「逆によさが出てた」って言われて（笑）。

——結果的に、たぶん5位、6位よりは全然いいですよね。

お抹茶　めちゃくちゃよかったと思いますね。最下位といういちばんハッキリした順位なので。自分で言うのもあれですけど、本当にボクが最下位でよかったなって思いますね。

——誰かに最下位を背負わせずに（笑）。

お抹茶　ボクみたいな明るいヤツが最下位だったから、みんなハッピーで終われたというか（笑）。

——じゃあ、ビリだったことは飲み込んだわけですね。

お抹茶　そこはボクが背負おうという気持ちにはなりましたね。ほかはみんなピン芸人なので、やっぱその人たちに背負わせるわけにはいかないですから。しかし、みんな偉いですよね。モニターを使ったりとか、ちゃんと構成を考えたり。演技の顔の表情とかもちゃんとしているし。そうしてみんながちゃんとやっているなかで、ボクは2、3分歌って。

「クルマって普通に危ないじゃないですか？危ないのにカッコいいクルマとかもあるし、バリエーションも多いし」

——ご機嫌で歌って（笑）。来年もまた挑戦するんですか？

お抹茶　そうですねえ。

——トンツカタンのネタもいいですけど、ピン芸が調子いいですよね。

お抹茶　あー、うれしいですね。たしかにピン芸だとボクが思ってることをダイレクトでできるんで。

——あのネタは最初、何がおもしろいと思って作ったんですか？「かりんとうのクルマがあったらおもしろいな」で作ったんですか？

お抹茶　もともとは去年の準決勝でやった「ピアノ刀侍」からですよね。

――あれも凄く不思議なネタでしたよ。変な話、ほかのファイナリストたちのネタは物語だから、ああいう設定を発想したら、素晴らしい構成力と演技力があるうえで「凄くおもしろい物語を考えついたな」と思うんですけど、かりんとうのクルマはどうやって発想したのかがまったくわからないんですよ。

お抹茶　それはめっちゃうれしいですね。

――いやいや、こっちはなんか変な人を見ているイメージですよ（笑）。

お抹茶　あっ、天才を見られてるのかと思ってました（笑）。

――変態だと思ってます。

お抹茶　まず、存在しないもののあるあるを作りたいなと思って作ったんですけど、それで「どうしよう？」って思ってるときに……。

――ちょっとすみません、そのときはクルマが先ですか？

お抹茶　ボクはけっこうクルマっていうもの自体がおもしろくて。

――普段からクルマにおもしろさを感じて生きているんですか？（笑）。

お抹茶　そうなんですよ。みんなはクルマのことを当たり前のように見ていますけど、普通に危ないじゃないですか？危ないのにカッコいいクルマとかもあるし、バリエーションも多い。ボクはいつも「みんな変だよ」と思っていて（笑）。

――それでクルマを変にしてやろうと。

お抹茶　そうですね。それでかりんとう自体もちょっとおもしろいものじゃないですか。

――わからないですが。

お抹茶　（無視して）だからまあ、そこを組み合わせるってことになったんですけど。1日ずっとボーッとしていて、脳が本当に疲れ切ったときに出るような絞りカスみたいなやつを待つという時間がずっとあったんですよ。もったいない時間なんですけど（笑）。

――じゃあ、「かりんとうのクルマがいいなあ」って思いながら、「これをどうしようかな」と思うわけですね。普通の人なら、まずあの書き割りを作って、ひとり芝居で何かをやるってことを最初に考えますよね。

お抹茶　そっか……。

――そうじゃなくて、もういきなり歌からですか？

お抹茶　かりんとうのクルマっていうのがちょっとダサいのか、かわいらしいのかわからないですけど、あれに疾走感のある曲がついたらおもしろいのかなって思ったんですよ。それでまず曲を探して、「これはなんか使えそうだな」と思って聴いてたら、カッコつけるわけじゃないですけど歌詞が降ってきて（笑）。それであのいい曲に当てはめていった感じですね。

——ということは、トリオでやるときとはネタの作り方がまったく違いますよね。

お抹茶　あっ、でもトリオで作るときはみんなそれぞれが考えてくる感じなんですけど、考え方は正直そんなに変わらないんですよ。ただ、3人を使わなきゃいけないんで、そのストーリーを作らなきゃいけないという部分に関しては違うのかもしれないですね。だけど正直どっちも楽しくて、ボクはいま34なんですけど、30からまたネタを作りはじめたんですよ。ちょっとネタ作りが楽しすぎて。

——止まらない？（笑）。

お抹茶　止まらないですね。もうアイデアがあふれ出しちゃってて、ずっとやっていたいですね（笑）。

——でも、ネタを作ることがちょっとツライなって言う人もいますよね。産みの苦しみを味わってる芸人さんはいっぱいいますよ。

お抹茶　まあ、産みの苦しみはちょっとありますけど、ボクは30までの約10年間、「お笑いで何をしたらいいんだろう？」っていうつらさがあったんですよ。

「その日の夜、トンツカタンのグループLINEに『話し合いをさせてもらってもいいですか？解散を考えてます』と送ったんです」

——そっちの苦しみが。それはお笑いでの努力の仕方がわからなかった？

お抹茶　べつにネタも作っていなかったし、おもしろいことを言うわけでもないし、ちょっとしたボケもスベるし。「何もおもしろくないな」と思ったなかでネタを作りはじめたら、それが凄く楽しくて、「これだったんだな！」っていうことにいまやっと気づいた感じですね。

——ネタを10年作っていないところから、作りはじめたきっかけはなんだったんですか？

お抹茶　これは諸説あるんですけど……。

——では、いちばん有力な説をお願いします（笑）。もともとトリオのネタは森本（晋太郎）さんが作っていたんですよね？

お抹茶　そうなんですよ。それから森本が徐々にひとりで仕事をしはじめて、お抹茶がダークサイドじゃないですけど、自暴自棄な時期があって。

——あの、すみません。一人称は「お抹茶」でしたっけ？（笑）。

お抹茶　えっ？　ああ、「お抹茶」だったり「茶」だったり。
――茶！
お抹茶　そうですね。凄く偉い先輩には「ボク」と言っていますけど。
――今日も最初は一人称は「ボク」だったのに（笑）。それで、お抹茶がダークサイドに落ちたときがあったと？
お抹茶　森本ばっかりみんなから選ばれてっていう時期があって、それでライブのトークコーナーで、トンツカタンと吉住の2組でトークをしたときに「彼氏にするなら、結婚するなら、トンツカタンの誰を選ぶ？」っていうテーマがあって、そこでお抹茶だけ選ばれなかったんですよ。それにお抹茶が怒って、そのライブの途中で帰っちゃったんですけど……。
――えっ！　それは本当に怒っちゃったんですか？
お抹茶　本当に怒っちゃって。でも、それは積み重ねで「またお抹茶は選ばれないんだ……」みたいな。
――「吉住の彼氏や結婚相手にも選ばれねえのかよ！」と（笑）。
お抹茶　はい。それで「みんな、そうっすよね！　また森本ばっか選ばれるんですよ！　わかりました、もう帰ります！」ってお客さんに言って、帰っちゃったんです。それで吉住は泣き出しちゃって。

――なんの話だよ、これ！（笑）。

お抹茶　お抹茶のせいで（笑）。それで吉住は新宿の街じゅうを、お抹茶のことを探し回ったんですけど、お抹茶の速歩きが凄く速くて。

――アハハハハ！　完全に見失った（笑）。

お抹茶　っていうときがありまして、その日の夜にお抹茶はトンツカタンのグループLINEに「あの、ちょっと話し合いをさせてもらってもいいですか？　解散を考えてます」と送りまして。それでその翌日に話し合いをして、「もっとがんばろうよ」「3人でがんばっていこう」みたいな感じの話のまとまり方をして、そこで新ネタライブをやっていきましょうということになって、「じゃあ、お抹茶もネタを書きます」っていうタイミングでネタを書きはじめたんですよね。

――そうだったんですね。そこで芸人になってから初めてネタを書いたわけですよね？

お抹茶　本格的にガチで書きはじめたのはそこからですね。その前もちょこちょこR－1に出たりとか、単独ライブでのおふざけネタを書いたりはしていたんですけど。

――自分で書いてみてどうでしたか？

お抹茶　最初はどうやって書きはじめたらいいのかがわからないというか、何がウケるのかもわからなかったんでけっこう苦戦はしましたけど、森本とかにも相談したりしながらやって、それを舞台でやってみたらけっこうウケたので、それがめっちゃ気持ちよくて。そこからちょっと虜になっている感じですね。

――そして、いまはネタを作るのが楽しくてしょうがないと。

お抹茶　楽しいっすねえ。いまも作りたいかもしれないですね。このしゃべっているあいだも（笑）。

――早く帰ってネタを作りたい？（笑）。

お抹茶　帰って、早く何か書きたいです（笑）。

「いまのところは打ち合わせの日々で、きのうはZoomの打ち合わせが3本あったんですけど、全部違う場所でやってやりました」

――もう、ご結婚されているんですよね。

お抹茶　はい。いちおう茶の子もふたりいます。

――茶の奥様は小学校の先生なんですよね？

お抹茶　あっ、そうなんですよ。いまは育休中だったんですけど、この春からまた復帰するということで。このタイミングで茶がR－1決勝に行けちゃったから、ちょっともしかしたら家庭崩壊するかもしれないですね。

――どうして（笑）。

お抹茶　忙しくなって！（笑）。それと……茶は家でちょっと尖ってまして。

――カッコ悪そうなエピソードが出てきましたね。どうして家でちょっと尖ってるんですか？

お抹茶　家ではお笑いの話をしないというか、仕事の話を持ち込みたくなくて。もし、お笑いのことをつべこべ言われたら腹が立っちゃうんじゃないかと思って（笑）。

――でも、売れていない時期も応援してくれていた家族じゃないですか。

お抹茶　そうなんですよ。めちゃくちゃ応援してくれているっていうのもあるんですけど、「その応援してくれてる様をあまり見せないようにしてくれ」っていう。まあまあ、申し訳ないんですけど（笑）。でも、それこそR－1の決勝に行った翌日とかは子どもたちもよろこんでくれていて、家に50音が書いてある積み木があるんですけど、それで凄く高い塔を立ててくれて、そのいちばん上に「よ」っていう積み木が置いてあったんですよ。

――「よ」が。

お抹茶　茶は「よしのり」っていう名前なんですけど、「ご褒美でパパの名前の〝よ〟をいちばん上にしておいたよ！」って。

――いい子たちですね！

お抹茶　こういう4歳の子のいいエピソードがあるんですよ（笑）。この世界に入って、とりあえずは「賞レースのファイナリストになりたい」っていう目標があったので、いまはそれが叶った状態ですね。

――もともと、お笑いを目指したきっかけはなんだったんですか？

お抹茶　『内村プロデュース』を観ていて、あの大喜利とかをやってみたいな雰囲気が楽しそうだなっていうので。

――芸人みんなでワイワイやっていて。

お抹茶　でも、やっぱりあそこにいる人たちって、いまだったら賞レースのファイナリストには行ってなきゃいけない位置だっていうことに徐々に気づきはじめたので、それを目標にして。だけどトーク番組とかバラエティに出させてもらったら、ちょっと茶はトークが苦手すぎてうまいことといかないんですよ。なので、ひとりでトーク番組に出るのはいちおうNGなんですけど。

――こっちからNGにしてるんですね（笑）。

お抹茶　森本とかと3人で行くんだったら、「しょうがなく行きますよ」っていう感じなんですけど。なんか、茶はタイプ的にひな壇とかで売れるわけないなと思っちゃって。

――いまはそういう仕事は選ぶ立場にいるんですね（笑）。

お抹茶　まあ、いちおうファイナリストですから（笑）。「どうしても」っていうオファーがあればやろうかなと思うんで

すけど、そんなオファーもないと思うので。

――Ｒ－１決勝から数日経ちましたけど、仕事がうわっと来ていたりするんですか？

お抹茶　いちおう打ち合わせはたくさんしていますね。

――打ち合わせしたいというオファーは多い（笑）。

お抹茶　いまのところは打ち合わせ、打ち合わせの日々で、きのうはＺｏｏｍの打ち合わせが３本あったんですけど、全部違う場所でやってやりましたね。

――背景を全部変えてやりましたか（笑）。

お抹茶　午前中に家に帰ってやって、お昼は外でメシを食いながらやって、夜はカラオケでやるっていう。いちおう背景を全部変えるっていうサービス精神じゃないですけど（笑）。

「精神的にはけっこう不安定で表裏一体というか。いまはチヤホヤされていてアッパーな感じですけど、落ちるときもけっこうあります」

――打ち合わせの相手は全員違うんだから意味ないでしょ（笑）。

お抹茶　まあ、マネージャーさんもＺｏｏｍにいるんで（笑）。

――マネージャーに「コイツ、精力的に動いてるな」と思われたい（笑）。

お抹茶　いやでも、本番はまだですけど、そんなに打ち合わせをもらえてうれしいですね。やっぱり家族がいるんでお金がほしいというか。べつに茶はお金をたくさん持たなくていいけど、家族には渡したいとは思っているんで。ちょっとだけ出て、いっぱい稼げるっていう仕事はないですかね？

――知らないですよ、そんな仕事（笑）。ライブをやっていきたいとかはあるんですか？

お抹茶　トリオの単独もやってみたいですし、ピンの単独ライブにも正直興味はあって。やっぱりネタを作っていきたいのでネタライブはやりたいですね。なんか自分でも意外なんですけど。

――意外にも茶はクリエイティブだったと。

お抹茶　（小声になり）そうなんですよ。こんなバカみたいなヤツが（笑）。

――もともとひょうきん者ですか？

お抹茶　（小声で）いや、精神的にはけっこう不安定で表裏一体というか。いまはチヤホヤされていてアッパーな感じですけど、落ちるときもけっこうありますね。凄く繊細なんですよ。

――茶は何で落ちるんですか？

お抹茶　それこそ今回の規約違反でも凄く落ち込んでいて、きのうはあまり寝られなくて。去年のＭ－１の準々決勝の動画があがったときも、トンツカタンに対してのアンチコメントがいっぱい来まして。「よくこの一本で今年やってるよな」「もっとほかのネタに変えないと漫才師に失礼だ」「M－1ナメんな！」みたいなのが来て、「いや、俺、ナメてないし。月収6万くらいのヤツが遊びでM－1に出るわけないでしょ！」みたいな感じでちょっと怒っちゃって、それでXに「いや、真剣にやってます。お笑いなんだから、みんなもっと楽しんで見て」っていう感じでつぶやいたら、それがネットニュースになりまして。去年いちばんちっちゃいネットニュースですね。なので、そのときもけっこう喰らってて。

――そういうのを気にしちゃうんですね。エゴサーチをするんですか？

お抹茶　めっちゃしますね。今回はもう止まらなくて。でも、ほぼ良い意見しかなくて。

――よかったですねえ。

お抹茶　最下位なのにいちばん反響をいただいてるんじゃないかっていうくらい。でも、たまに見つけるアンチコメントを茶は凝視しちゃうんで（笑）。それを見て、リプを送りそうになるのをこらえて。

――グッとこらえて（笑）。

お抹茶　それで基本的にはXやYouTubeのコメントを見るんですけど、スレッズのほうに逃げて。

――アハハハハ！　いったん薄いほうに逃げて（笑）。

お抹茶　そこでちょろっと、「悲しいな……」みたいなことをつぶやいて、それですぐに消すっていう。本当によくないですよ、こんなの（笑）。

――人間丸出しですね。感情がSNSのなかで巡ってますね（笑）。

お抹茶　それは本当によくなくて。34歳の大人とは思えないですよね（笑）。

「芦田崇宏は小中の同級生です。『爆売れしたら、こういうクルマに乗りたいな』と思っていたクルマにアイツは乗ってるんですよ」

――一見すると天真爛漫で明るい感じですけど、そういう繊細さを抱えているんですね。

お抹茶　だから茶のなかではどっちも止まらないというか、ギャンブルじゃないですけど、「あっ、こっちに入っちゃったな」って思ったら、いったん底まで行かないといけないというか。

――落ちきるしかないと。

お抹茶　落ちきるしかなくて。で、エゴサしたりする理由も、褒めている言葉を探したいというか。それで褒めがたくさん貯まると陽に戻るんですけど、本当にコスパが悪いですね（笑）。

——そういえば、MMAファイターの芦田崇宏選手さんとはお知り合いなんですか？

お抹茶　あっ、アッシーは小中の同級生なんですよ。

——あっ、そうなんですか！

お抹茶　地元が埼玉の越谷なんですけど、アッシーとはいまでも飲んだりとかする仲で。

——前々から芦田選手がSNSでやたらとお抹茶を応援してるのはなんなんだと思っていて（笑）。

お抹茶　栄進中学校っていうところなんですけど、そこに芦田、お抹茶、ほかにも芸人が3人くらい同級生でいて。吉本興業にスーパーサイズ・ミーっていうトリオがいるんですけど、そのうちの黒田大樹と岡田直也も同級生で、あとはトーマルカンパニーっていうところで筆の祖っていう名前でピンでやってるヤツもそうなんですよ。

——じゃあ、にぎやかな中学校だったんですね。

お抹茶　そう考えたらにぎやかでしたね。先輩だとEXILEのATSUSHIさんがいて、その次は芦田かお抹茶かっていう（笑）。

——追いつけ、追い越せで（笑）。

お抹茶　がんばらないと。いまは収入に波があって、毎年春先はよくて、気づいたらグラデーションで徐々に減っていって、冬にはお金がないというか、つまり仕事がないんで、暇な時間が増えて落ち込んでいくっていう。それで気づいたら「ちょっと解散を考えてます」みたいなLINEをしちゃうんですけど（笑）。

——すぐに解散をほのめかしちゃう（笑）。

お抹茶　だからこれを機に、解散を考えることなく食えるところまで行きたいっていう。アッシーとかもけっこうがんばってますもんね。

——大きいクルマに乗ってますよ。

お抹茶　茶もカッコいいクルマを調べている時期があって。

——クルマについてよく調べているんですね（笑）。

お抹茶　それで「もし爆売れしたら、こういうクルマに乗りたいな」と茶が思っていたクルマにアイツは乗ってるんですよ。

——キャデラックのエスカレードですよね。

お抹茶　エスカレード。なんかもう嫌になっちゃったというか、純粋に「ちょっと乗せて！」って思いましたね（笑）。だから、これからトリオで賞レースを1個獲りたいなっていうのがありますし、お抹茶としても、ひとりの人として、心も強くなりたいって思っていますね（笑）。

大井洋一（おおい・よういち）
1977年8月4日生まれ、東京都世田谷区出身。放送作家。『はねるのトびら』『SMAP × SMAP』『リンカーン』『クイズ☆タレント名鑑』『やりすぎコージー』『笑っていいとも!』『水曜日のダウンタウン』などの構成に参加。作家を志望する前にプロキックボクサーとして活動していた経験を活かし、2012年5月13日、前田日明が主宰するアマチュア格闘技大会『THE OUTSIDER 第21戦』でMMAデビュー。2018年9月2日、『THE OUTSIDER第52戦』ではTHE OUTSIDER55-60kg級王者となる。

お抹茶（おまっちゃ）
1989年9月26日生まれ、埼玉県越谷市出身。芸人。トンツカタンのボケ担当。プロダクション人力舎所属。小学校時代に観ていた『内村プロデュース』に衝撃を受けて芸人を志し、スクールJCA21期生で同期だった森本晋太郎、櫻田佑とともに2012年にお笑いトリオ・トンツカタンを結成する。トンツカタンとしては『キングオブコント』にて2016年、2021年に準決勝進出、M-1グランプリに2021年、2023年に準々決勝進出を果たす。ピンとしては2023年の『R-1グランプリ』で準決勝進出、そして今年は決勝に進出して優勝が期待されたがまさかの9位（最下位）に終わってしまった。

TARZAN by TARZAN

ターザン バイ ターザン

はたして定義王・ターザン山本は、ターザン山本を定義することができるのか？「俺の人生はもう100パーセント呪いの人生なんよ。だから俺は親父やおふくろに対して絶対に親孝行はしない。もしも親の望んだ通りの人生を送ってしまったら、俺は親父とおふくろの怨念を超えられないんよ！ だからもう親不孝の限りを尽くして、親父とおふくろが生きたかった人生を俺が全部やってやるんよ!!」

絵　五木田智央　聞き手　井上崇宏

第五十四章

呪われた山本一家

「親父もおふくろもそれぞれに村を飛び出した。のちに岩国を飛び出した俺の人生とそっくりなわけですよ！」

山本　あのさ、これは俺、生まれて初めて告白するんだけど……。

――えっ、何やらとっても大事そうなことを『ＫＡＭＩＮＯＧＥ』なんかで？（笑）。

山本　俺の人生ってね、１００パーセント呪いの人生なんよね。生まれてからずっと呪われ続けていて、呪いを背負って生きてるんよ。

――そういえば、どこか呪われてそうなお顔をしていますね。その、呪われてるという自覚があったのはいつからですか？

山本　もう幼稚園とか小学校の頃にはあったね。

――めっちゃ早い（笑）。

山本　それはどこに原因があるかと言ったら、俺は父親の呪いと母親の呪いを敏感に察知してしまったんよ。たぶん11歳上のお姉ちゃんとかふたつ下の妹、あるいは4つ下の弟はそんなことは何も考えないで、普通に山本家で日常生活を送っていたわけですよ。だけど俺だけは父の呪い、母の呪い、それらを猛烈に知ってしまったという。

――両親からの呪いじゃなく、父と母で2パターンあるんですか？

山本　2パターンあるんですよ。広島県の瀬戸内海に江田島という海軍基地があったんですけど、俺の親父はそこの小さな村の農家の次男として生まれたんですよ。昔は次男というのは１００パーセント相続できないわけ。だから一生、長男のお手伝いをして生きるか、あるいは田んぼをひとつくらいもらって細々とやるかしかないんだけど、そこで親父は「こんなもんやってられるか！」と島を飛び出したんですよ。その飛び出した先が瀬戸内海の工業地帯にある繊維企業で、ナイロンとかテトロンなんかを扱っている「帝人」ね。それは山口県岩国市にあったんです。

――山本さんが生まれたところですね。

山本　だから父は完全に故郷を捨てて、「クソくらえ！」という精神で出て行ったんだけど、当時そこは最悪の労働環境で、24時間操業なんですよ。朝8時から働く、15時から働く、夜12時から働くという三交代制なんですよ。だから親父には山本家の次男に生まれてきたことに対する反発と反骨心がもの凄くあって、ひと旗揚げてやろうと思ったんだけど、そういう労働環境のところで働いていたわけですよ。まずはこれが1個ね。

――自由と希望を求めて行った先は楽園ではなかったという。

山本　そう。でもまあ、ほかの人は飛び出さないところを俺の親父だけ飛び出したわけ。それでね、母親もまたこれがおもしろくて、その親父の村からちょっと離れた別の村の生まれなんだけど、おふくろはその村でいちばん裕福な庄屋の家の娘なんですよ。つまりお嬢様なんよ。ところが、おふくろも次女だったわけ。それでおふくろも気が強いから「こんな小さな村で一生を送るなんてクソくらえ！」と、明治39年生まれの親父と同じように、44年生まれの若いおふくろは瀬戸内海の島を飛び出したんだけど、おふくろも同じ帝人に勤めてしまったわけよ！

——偶然にも。

山本　奇遇にも！　だから親父もおふくろも、のちに岩国を飛び出した俺の人生とそっくりなわけですよ。明治の頃だから職業の選択肢なんてあまりないじゃないですか。ふたりとも高等小学校しか卒業していないから学歴がないわけで、もう未来が封じ込まれていたわけですよ。そういう時代の怨念をかぶって生きてたんだよね。

「叔父さんの徹底した不条理さがもの凄くプロレス的で、俺は叔父さんのことを大尊敬してるんですよ」

——まずは山本さんのご両親が時代に呪われていたと。

山本　それでおもしろいのが、あるとき俺の親父は結婚相手を見つけたんですよ。相手は、帝人のなかにある社員食堂で働いていた凄く明るくて人気者の女性なんですよ。その人のことを親父は非常に気に入って、「俺はこの彼女と結婚しよう」と決めて、それを田舎の兄貴のところに報告しに行ったんですよ。そうしたら兄貴が激怒して「ふざけんな、バカヤロー！　そんなまかないの女と結婚するなんてけしからん！　やめろ！」と言ってさ、「おまえの結婚相手は俺が決める。隣村の庄屋の娘だ。そのコはおまえと同じ岩国の工場にいるからそいつと結婚しろ」ということで強引に兄貴がふたりの結婚を決めてしまったわけですよ。

——長男の呪い！

山本　それぐらい長男はワンマンで、独裁者だったんよ。しかも貧しかった村でいちばんの金持ちになりたいという野望と野心で燃え盛っていたから、朝早く起きて陽が沈むまで一家総出で働きまくる絶対政権だったわけですよ。だから俺の親父も兄貴には逆らえないんよ。

——その環境が嫌で村から脱出したのに？

山本　うん。もう始めから精神的に「兄貴には敵わない」というのがあるから絶対服従なんよ。それでまわりは結婚相手となる俺のおふくろに「コイツと結婚してくれ」とアタックするわけですよ。そうしたら母親は庄屋の娘でめちゃくちゃ気位が高いから、「あの人は嫌！」って言ったらしいんよ（笑）。それで4、5回断ったらしいんよ。

——4、5回も断ったということは、4、5回もアタックしたわけですか（笑）。

山本　ああいう時代だからさ、まわりから固められてしまうんよ。そしてついにおふくろは折れて、親父と結婚するんだけど、親父は本命の女性と結婚できなかった。母親も「あの人のことは好きじゃない」と。そういうお互いが意にそぐわない結婚をしているわけですよ。怨念の塊ですよ！　ただし、親父がまかないの彼女と結婚していたら俺は生まれていないんよ。

――ご両親が他人に人生を決められたからこそ生まれた子どもですね。

山本　だからね、父親の兄貴、つまり俺の叔父さんは頭がいいわけですよ。そのときすでに俺が生まれることを予想していたんですよ。自分が指名した相手と弟が結婚したら、そこに新たな可能性があるということを読んでいたわけですよ。そして実際に俺という可能性が山本家に生まれてきたんよ。だから俺は、その独裁者の叔父さんには感謝をしているんですよ。

――私をこの世に誕生させるお膳立てをしてくれてありがとう、と。

山本　叔父さんの独裁者ぶりを説明すると、自分の息子たちの結婚相手も全部決めたんですよ。自由恋愛なんか無視なんよ。それで自分の息子をさ、長男も次男も、バツイチで出戻った女と結婚させたんですよ。

――えっ、なんでですか？

山本　「あのな、おまえ、わかってるか？　1回結婚した女は二度と失敗したくないはずだから、絶対にうまくいくんだ」という理論なんよ。それで息子たちはみんな嫌々結婚してるわけですよ。俺はその話を聞いたとき、「ひどいことをする叔父さんだな」と思って腹が立ったんだけど、なんかそれでみんなうまくいってるんですよ（笑）。

――読みが当たって（笑）。

山本　叔父さんの読みは非常に鋭いわけですよ。その徹底した不条理さがもの凄くプロレス的で、俺は叔父さんのことを大尊敬してるんですよ。

――尊敬に値する不条理さ（笑）。

山本　それで長男、次男だけじゃなく、娘も叔父さんが決めた金持ちの家の息子と結婚したんですよ。山本家の本家は全部政略結婚ですよ！

――もはや家というよりも団体ですよね。その叔父さんはマッチメイカーで。

山本　そうそう。しかも頭がいいから、「絶対に金持ちになるんだ！　ひたすら農作物を作っていても埒が明かない！」というので叔父さんは何をやったか。（急に小声になり）菊の花を栽培したんですよ……。

――ボクだけにうまい儲け話を教えるみたいな話し方をしないでください。

山本　菊の花を栽培するというのはまわりで誰もやったことのないことだったから、それがもう大当たりしてさ、地方紙でも取り上げられたんですよ。

――地方紙でも取り上げられるくらい大当たりした。

山本　で、菊の栽培の大儲けした金で田んぼを買うわ、山まで買ったんよ。結局、山本家の本家は村でいちばんの金持ちになったんよ！

「親父がパチンコをやったっていいじゃないか！それが俺が絶対に競馬をやめない理由になってるんですよ！」

——剛腕ですねえ。

山本　それでおもしろいのはさ、一方の母親のほうの実家は庄屋でしょ。母親のお父さん、つまり俺からは祖父にあたる人がこれがまたもの凄くインテリなんだけど、仕事が大嫌いで、野心も野望もまったくない、ハッキリ言ってしまえば極楽とんぼというか。それで祖父は何をやったかと言うと、庄屋なのでいっぱい持っている土地を売りさばいて一生を送ったわけ。

——土地を切り売りして、それを金にして。

山本　そうしたら死ぬときにはその土地が全部なくなったんよ。つまり母方の家は土地を全部失って、父方は村の土地を全部奪ったというさ。まったく両極端の家系の血を俺は継いでいるわけですよ。

——まさにその掛け合わせが山本隆司ですね。野心と極楽とんぼを併せ持つ。

山本　そうそう。それで母親の父は働くことは大嫌いなんだけど、子どもが大好きでね、趣味で寺子屋を作って村の子どもたちに読み書きやそろばんを教えていたんですよ。超インテリなわけ。

——出た、早すぎたターザン山本の一揆塾だ（笑）。

山本　そうそう！（笑）。つまりは俺は没落と大繁栄という、そのふたつの経験を見て育ったんよ。それから、そのプラスの要素とマイナスの要素のふたつを背負ってしまったわけ。

——実際、ものの見事に両パターンを生きているじゃないですか。

山本　俺にハマってるんですよ。

——ハマってますね（笑）。

山本　それで俺の父親は学歴がないんだけど、職場で班長かなんかになりたいってことで、その社内試験のために夜に家で勉強をしているわけですよ。その姿を見てたらみじめに感じてさ、俺は子ども心に嫌で嫌で……。

——そんなことを言ったら気の毒ですよ。

山本　親父もおふくろも生まれてきたのが早すぎたんよね。気力とか頭脳はもの凄く優れているから、いまの時代ならふたりとも一流大学に入っていたと思うんよ。本当はそういうポテンシャルなわけ。やっぱり時代にマッチしなかったという怨念を背負ってるわけですよ。だからそこで俺が思ったことは「親父やおふくろに対して絶対に親孝行はしない！」と。4人きょうだいはみんな高校を卒業して地元で生活しているんだけど、俺だけ岩国を飛び出して京都の立命館大学に行ったわけですよ。そこで親父もおふくろも、俺が大学を卒業したら一流企業に入って、課長や部長になることを望んでいて、俺にマイホームを建ててほしいという思いもあったんですよ。

でも俺は、それをやったら親父とおふくろの怨念を超えられないんよ！

――怨念を払拭できないと。

山本　むしろ、ショッパくなるじゃないですか！　だから俺はもう親不孝の限りを尽くして、親父とおふくろが生きたかった人生を俺が全部やってやると。だから俺は18歳で実家を飛び出てから二度と帰らなかったんよ。

――なるほど。その「親がやりたかった人生を俺がやってやる」っていうのがすなわち親孝行ですよね。

山本　そう！　それは俺的には親孝行なんよ！　だから墓参りもしないしさ。それで話が前後します。

――前後してください。

山本　あるとき親父は、厳しい労働環境のなかで自分の人生が終わってしまうことに対して腹を立てたのか、パチンコに走ったんですよ。町に韓国人が経営しているパチンコ屋が1軒だけあって、仕事を放ったらかしてそこでパチンコばっかりやるんだよね。

――そこもなんか隆司と似てますね。

山本　その親父に俺もついて行って、親父がパチンコをやるのをずっと見てたんよ。そうしたらある日、おふくろが「このままではウチは崩壊する」ということで江田島から親父の兄貴を呼んだんよ。つまり叔父さんに助けを求めたわけ。そうしたら奥の部屋で叔父さんと親父が話をしてるのを俺は盗み聞きしたんだけど、親父が叔父さんにめちゃくちゃ説教されてるんだよね。

――つらい。

山本　「おまえ、何をやってんだ！　4人も子どもがいるのに仕事を放ったらかしてパチンコばっかやってふざけんな！　おまえは山本家の恥だ！」と。それで「もうパチンコは二度とやるな！　いまここで誓え！」って怒鳴られてるんだよね。俺はそれを隣の部屋で聞いてるうちに頭に来てさあ。

――なぜですか？

山本　「パチンコをやったっていいじゃないか！」と。そこで無条件降伏している親父に腹が立って、情けなくなってさ。それで俺は尊敬していた叔父さんに対しても腹が立ってきたんよ。それが俺が絶対に競馬をやめない理由になってるんですよ！

――あの日の光景がいまだに脳裏にあるわけですね（笑）。

山本　それがトラウマになっちゃって……（笑）。俺が競馬をやめたら、無条件降伏した親父と同じ人生になってしまう、だから俺は死ぬまで博打をやるんだっていうさ。あの親父のみじめな姿を見たときの俺の敗北感といったらさ……。

「大学に入って学生食堂に行って、生まれて初めてハンバーグを食ったときに俺は狂喜乱舞したもんな！」

――山本さんが競馬をやり続けるのは、父親と叔父さんふたりへのリベンジなんですね。呪われてますね（笑）。

山本　俺は完全に呪われてるんよ。そこで叔父さんを呼んだおふくろも頭がいいんだけど、やり方がしゃらくさいじゃないですか。家庭を守るためにそうしたわけだけど、それが俺はまた嫌で、おふくろに対しても俺は腹が立ったというかさ。

――そのときの山本さんの気持ちがわからんでもないですね。

山本　それで親父はそれ以降は4人の子どもを守るために真面目になって、いっさい博打をやらずに91歳まで生きたんよ。それはそれで偉いんだけど、それもまた情けなくて……。

――しつけえな（笑）。

山本　親父はアウトローじゃない、アナーキーじゃないということに対して情けなさを感じたんよ。じゃあ、「俺はアナーキーに生きる」と。そうあらためて自分に言い聞かせたんよ。もうさ、これは二重、三重、四重の呪いですよ！

――そんなに呪われて、よくいま生きてられますね。

山本　でね、親父は俺のことを「コイツは将来総理大臣になる」って言ってたんだよね。俺が勉強もできたから。

――じゃあ、自慢の息子ではあったわけですね。

山本　そりゃそうですよ！　バスケットボールをやって、東京オリンピックがあったときに俺は国体に出てるしさ、非常に勉強もできると。もう山本家でも最大の期待を背負っていたわけ。背も高くて、大きいし。

――山本家のデビッド・フォン・エリックだ（笑）。

山本　そう！　もうひとつはさ、親父はランクが下の労働者だから山本家はずっと貧しかったんだけど、小学校に行くと転校生が来るでしょ。当時の転校生は、大学を卒業した人の息子さんや娘さんなんだよね。だからその人たちの社宅っていうのは高台にあって、そこに住んでるんですよ。それで、そういう人の家に行くとインテリアが凄くてさ、グランドピアノがあったりするんですよ。俺の家は長屋だからビックリしたわけですよ。それがまた俺には呪いとなったんですよ。

――毎日、何かに呪われていたんですね。

山本　俺はそこの息子とかと、学力というか能力は一緒だったんですよ。それなのに生活形態は天と地くらいの差があるわけじゃないですか。俺はその現実を見てさ、また呪いにかかったもんね。その人たちは当然小学校を卒業したら地元の中学校には行かずに進学校に越境入学するんですよ。それでやっぱり東大とかに入ったよね。俺にはそれも呪いだったもんね。「俺もそういう家に生まれていたら……」とね。

――能力的には余裕で東大に行けていたはずだと。

山本　俺は絶対的に東大に行けてましたよ！　だから父親と母親の子として生まれなかったら違う人生があったと思うと、その悔しさや無念さがアイデンティティとして俺の頭にスポーンと垂直落下式に入ってきたから、それを背負ってしまった自分に対する腹立たしさとか、ムカつきもあるんよ。俺、思っている以上にもの凄く背負ってるからね？

――今日はよくぞ告白してくださいました。

山本　ただ、俺は山本家の突然変異として生きてきたからさ。生まれたときから「俺は山本家のエリートだ」と思っていたわけ。そのぶん自己肯定感と呪いが重なって、ダブルにクロスしながらあっちこっちに行ったりしながらターザン山本が生まれてきて、ここにいるというさ。だから気の毒だけどさ、子どもからすると親父とおふくろっていうのはどうしたって敗者に見えるよね。その敗者に見えることを肯定するのか、やさしく見るのか、それともムカつくのか。そこで分かれるわけじゃないですか。俺はその敗者の姿を見て苛立ったというか、許せなかったんよ。小さいときからずっと親父とおふくろの無念さをビシビシと感じていたし。

——長屋ですからね（笑）。

山本　春夏秋冬、オールシーズンで感じるわけですよ！　食生活を通じてとかさ。要するに瀬戸内海だったからイワシとじゃがいもと豆腐を混ぜた煮物が毎日ですよ。すき焼きは1年に1、2回しか出てこない。そのすき焼きも、いま思うともの凄く安い肉なんだよね。でも、俺はそれを食ってよろこんでたわけじゃないですか。どうにも腹が立つねえ。

——でも、その食が身体の土台を作ったわけですから。こんな無駄に大きく成長して。

山本　だから俺は高校時代にバスケットボールをやってて、体育館の横に酒屋があったんだけど、そこでファンタオレンジとファンタグレープを見たときに「凄い飲み物があるな!!」って思ったんよ。

——「なんだ、この色は!?」と（笑）。

山本　「なんだ、この味は!?　世界が違うじゃないか！」と。それでグーッと飲んだら凄くアメリカで美味いわけですよ。

——凄くアメリカ！「なんでこんなシュワシュワしてるんだ!?」と（笑）。

山本　そう！　俺の人生がどれだけ貧困だったかっていうね。あるいは大学に入って初めて学生食堂に行って、生まれて初めてハンバーグを食ったときに俺は狂喜乱舞したもんな。

——18歳までハンバーグを食べたことがなかったんですか？

山本　ないですよ、そんなアメリカなもの。存在も知らなかったよ。だから、そのファンタオレンジとファンタグレープとハンバーグで俺の人生が大転換したよ。すべての呪いから解けたというか。

——あっ、終わり!?　それで呪いが解けたんですか!?　ファンタを飲んで、ハンバーグを食っただけで？

山本　完全に解けましたよぉ〜。

ターザン山本！（たーざん・やまもと）1946年4月26日生まれ、山口県岩国市出身。ライター。元『週刊プロレス』編集長。立命館大学を中退後、映写技師を経て新大阪新聞社に入社して『週刊ファイト』で記者を務める。その後、ベースボール・マガジン社に移籍。1987年に『週刊プロレス』の編集長に就任し、"活字プロレス""密航"などの流行語を生み、週プロを公称40万部という怪物メディアへと成長させた。

今月は各㌻にクルマのネタが出てきている気がするが、気のせいか？

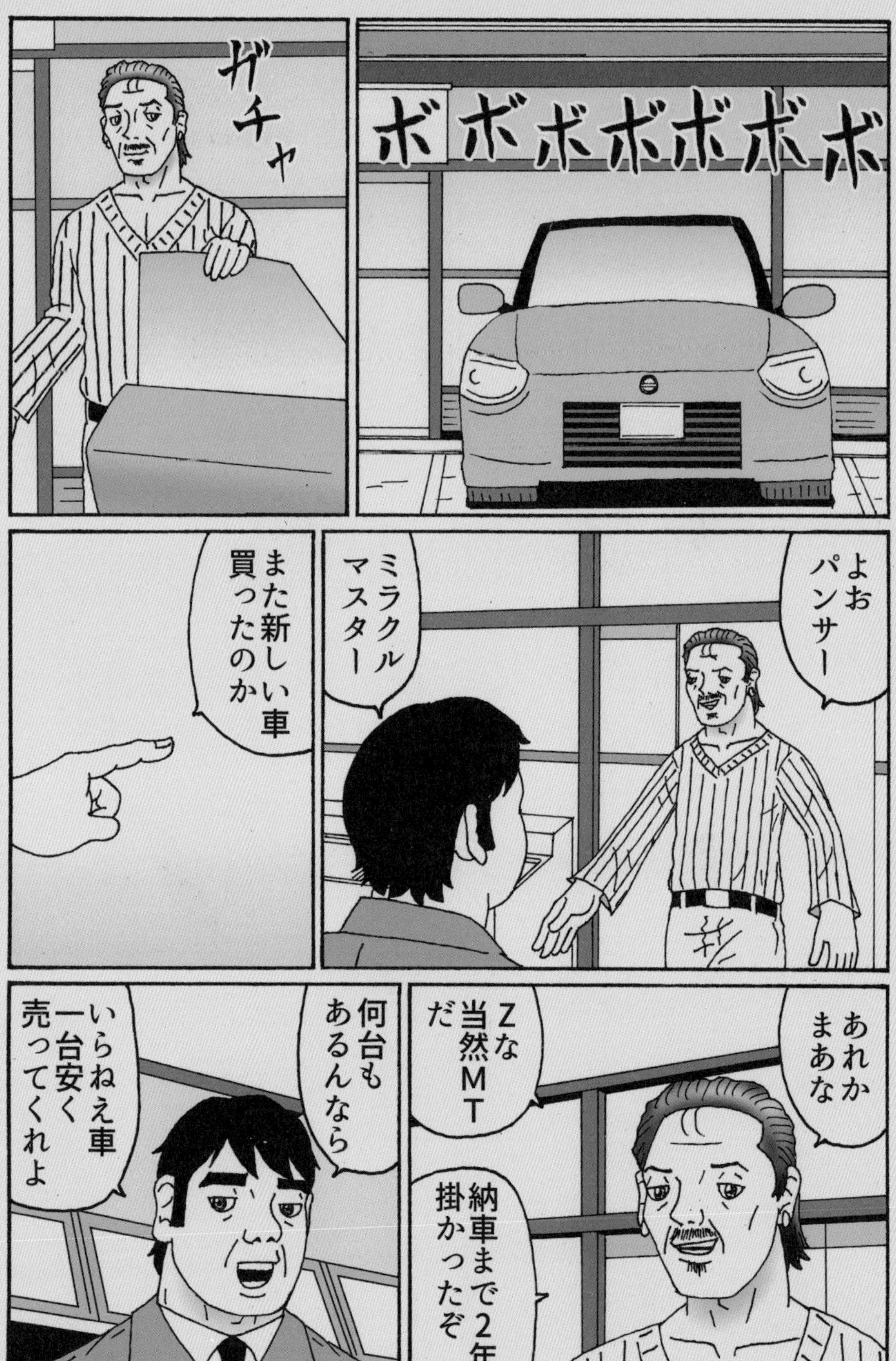
ボボボボボボボ
ガチャ
よお パンサー
ミラクル マスター
また新しい車 買ったのか
あれか まあな
Zな 当然MT だ
納車まで2年 掛かったぞ
何台も あるんなら
いらねえ車 一台安く 売ってくれよ

はあ？
オレに女を売れって言ってんのと同じだぞ
女が何人もいるのも問題だぞ
車検が通んなくて困ってんだよ
どんなボロ車乗ってんだよ
見た目はそんなにボロくないだろ
エンジンも元気だぞ
キューブか
今時あんまり見ねえぞ
とっくに生産も終わってるし古くてダセえ
5万くらいで売られてるぞ
中古車屋で
こんな車恥ずかしくねえか
今一番ダセえ車だ間違いねえ

ピカッ
わっ
今ライトが光ったぞ
見たろ
お前があんまり悪く言うからだぞ
魂が宿ってるぞこれ
あんまり古くて
廃車したら呪われるぞ
修理して乗れよ
ええ〜

KENICHI ITO

涙枯れるまで泣くほうがEマイナー

VOL.40

RIZIN佐賀大会観戦記

伊藤健一

（いとう・けんいち）
1975年11月9日生まれ、東京都港区出身。格闘家、さらに企業家としての顔を持つため“闘うIT社長”と呼ばれている。ターザン山本！信奉者であり、UWF研究家でもある。

2024年2月24日、佐賀県のSAGAアリーナで開催された『RIZIN LANDMARK 8 in SAGA』を観戦しました。

今回は、後輩の〝ヨシノリ〟こと堀江圭功が初のメインイベントを務めるのと、プライベートでも仲が良い矢地祐介選手も出場なので、現地まで行くことに。

九州最大級の多目的アリーナと謳い、去年オープンしたSAGAアリーナは、私が好きな横浜アリーナっぽい感じでテンションがあがった。

しかし周辺の宿泊施設や駐車場の少なさなども問題になっているらしく、たしかに会場近くではホテルはどこも満室で予約が取れなかったので、私は長崎県に泊まり、当日佐賀に向かった。

長崎県も、ランタンフェスティバルという大きなイベントがある期間だったので、ホテル代はとても高かった。

さて会場周辺には、スキニーパンツを履いた若者がたくさんおり、一目でRIZINを観に来たんだなとわかり、格闘技が若者の文化として定着していることを実感したし、会場に入ると、グッズ売り場は大盛況で、RIZINガールのチェキも売ってたりして、熱気ムンムンだった。

今回の大会は、前記のふたり以外にも知り合いがたくさん出ており、瀧澤謙太選手とも長年の知り合いで、ふたりでキャバクラにも行ったこともある。そのときはホステスさんに「兄弟？」と何回も言われたので、意外と顔が似てるのかも知れない。

瀧澤くんは、RIZINだとパリピキャラなのでチャラついているイメージがあるが、実際はコツコツ練習できる努力家タイプなので、応援はしているのだが、今回の対戦相手の野瀬翔平選手は『ROAD TO UFC』出場経験のある、日本人ではトップクラスのグラップラーだ。しかしRIZINルールだと、サッカーボールキックや4点膝があるのでストライカーに有利だし、舞台慣れしている瀧澤くんが有利かなと思って観ていたが、野瀬選手が終始圧倒して、最後はマウントからの肘でKO勝ち。今回は相手が強すぎたが、瀧澤くんのフィジカルも向上していないように見えたので、もう一度鍛え直してほしい。

　矢地くんの対戦相手は当初、韓国人のキム・ギョンピョ選手だったのだが、怪我で欠場となり、白川陸斗選手に変更になった。

　正直私は、ヨシノリvs矢地くんの対決を組んでほしかった。本人たちは強豪外国人との対戦を希望しているのだろうが、それ

なら海外で試合をすればよいし、RIZINで闘うのなら、お互いに絶対負けられない日本人対決が観たい。怪我の功名だが、矢地くんの対戦相手が階級下とはいえ白川選手になり、個人的には興味を持って観ることができた。

　序盤は、白川選手がキレのあるパンチを振り回して来て、矢地くんが下がってしまう展開になり、実際、矢地くんは白川選手のパンチの速さに戸惑ったと思う。しかしMMAにおいて、ボクサーのようなパンチを打てるということは、逆に組み技をやりこんでいない証拠であり、組みの練習をちゃんとやっていたら、単純に腕も太くなってパンチのキレがなくなる。

　やがて矢地くんは、まずは首相撲で白川選手の動きを止めて、ケージに押しつけながらうまくバックを取ってチョークで勝利!!　このときの矢地くんのバックの取り方が、柔術家みたいで、テクニックの向上を感じた試合内容だった。

　そしてメインのヨシノリvsルイス・グスタボ。

　残り2分まで、ヨシノリがジャブやカーフキックで優勢だったが、それらを凌いだグスタボ選手が最後はダウンを奪って判定勝利。ヨシノリのパンチもかなり当たっていたが、外国人は、日本人の5倍くらい打たれ強いので、グスタボは普通に前に出て攻撃してきた。私もナム・ファン選手というUFCファイターと闘ったときに、渾身の右ストレートが入ったが効いてる感じはなく、試合後のインタビューでは「パンチが弱かった」と言われてしまった（泣）。

　だが試合中に自然発生的に堀江コールが起こったりして、負けてもメインイベントの重責は果たしたと思う。

　帰りがけにヨシノリの団扇を持った女のコがいたので、声をかけてみるとヨシノリの知り合いというわけではなく、単純にファンらしく、その人気にびっくりした。

　そのコは、私のことも「ヨシノリの先輩」ということで認識してくれていて、嬉しかったのだが、普通にかわいかったのでちょっと悔しかった。

マッスル坂井と真夜中のテレフォンで。

3/9

MUSCLE SAHAI DEEPNIGHT TELEPHONE

「人からの申し出を断るときに『大丈夫です。ありがとうございます』って言うヤツはやっぱダメですよ。それは威嚇系感謝ですよ。『いつもトイレを綺麗に使っていただきありがとうございます』みたいなね。先に『ありがとうございます』って言うことで威嚇してきてるんですよ」

「俺は井上さんが酔っ払いを介抱して『いいのいいの、お水飲む?』って声をかけているところを見たかった」

——今月はリアル真夜中のテレフォンですよ。

坂井　もう0時6分ですって。3月8日から明けて3月9日。サンキューの日ですね。

——でも本当は3月7日に録る予定だったんですよね。

坂井　きのうの夜にね。本当はサンキューの日じゃなくてサウナの日に録るはずだった。

——きのう、坂井さんから「東京にいる」と連絡があったので、「じゃあ、今月もまたちょっと会って録りますか」と。

坂井　先月は珍しく対面式でうまくいきましたもんね。それで井上さんに俺がチェックインしている飯倉片町のホテルまで迎えに来てもらって。

——夜遅めだったから、ウチの事務所からクルマで20分くらいでしたよ。それでホテルの前で坂井さんを拾って、騒がしい場所だと録れないからカフェみたいなところに行きましょうとなって。

坂井　そうしたら22時前あたりから1時間半くらい?　都内をぐるぐるぐるぐるクルマで回ってね。開いてるカフェがありゃしないんですよ。すっかりカフェ難民になっちゃって。

——いまのご時世、もうどこも22時閉店なんですね。

坂井　そうなんですよ。それでその時間でもやっているところを見つけても、希少だ

構成：井上崇宏

からどこも混んでて入れないし。

——あのとき、途中から坂井さんの機嫌がだんだんと悪くなってきて、ポツリと私に言い放った一言が忘れられないです。「井上さん、本当に東京に住んでんの？」と。

坂井　うん。マジでそう思った。

——えっ、「あのときはごめんなさい」じゃなくて？（笑）。

坂井　きのうまでは俺も「あんな言い方をして申し訳なかったな」と思っていたんだけど、マジでそう思ったのは本当（笑）。

——そう言われた瞬間、私はちゃんと気分を害しましたよ。そしてついに坂井さんのスタミナが完全に切れて、「今日はやめましょう。やっぱ明日電話にしましょう」と。

坂井　いや、違うんですよ。きのうはたまたま日中の仕事と仕事の合間とかにけっこう歩いたので、井上さんとさまよっているあいだに2万歩を超えちゃったんですよね。じつは井上さんが迎えに来た時点で、俺は1日で1万8000歩も歩いていたわけですよ。

——ああ、ハリウッドスターだね。「あっ、もう拘束時間が過ぎたから帰らせてもらうよ」っていうやつね。

坂井　アッハハッハ！　そうそう、ユニオンがちょっと黙ってないんですよ。ササダンゴ組合が。

——でも、きのうは本当に申し訳なかったと思っています。せっかく連れ出しておいて1、2時間も無駄な時間を過ごさせてしまって。それで「じゃあ、明日電話で話しましょう。今日はホテルまで送ります」とね。

坂井　で、そのホテルに帰る途中に六本木蔦屋書店のスターバックスがまだ開いているのを発見して、「あっ、あそこに行けばよかったっすね」となって。

——それで「じゃあ、行く？」って聞いたら、「いやいや、行かない」って（笑）。

坂井　アッハハッハ！　やっぱ俺、ハリウッドだなー。ちゃんとストをやってたんだ（笑）。

——それでちょっとふたりのあいだに嫌な空気が流れつつホテルまで送ってね、私はずっとおしっこを我慢していて漏れそうだったから、「俺も降りて、ちょっとホテルのトイレ借りていくね」と。そうしたらホテルの1階にカフェがあって、朝5時まで営業してやんの（笑）。

坂井　アッハハッハ！　併設のカフェが朝5時までだったっていう。しかもガラガラだった（笑）。あそこね、ラーメンも食べられますよ。

——知ってたのかよ！（笑）。

坂井　「ここ、ラーメンもやってんだな」って思っていたときに井上さんが迎えに来たことをあとで思い出した（笑）。

——それでふたりで「ズコー！」って言ってね（笑）

坂井　あー、おもろ。いやいや、読者のみなさん。まだこれがオチじゃないですからね？　ねえ、井上さん？

——そう。トイレを借りにホテルに入る前、ホテルの入り口付近でおじさんが地面にぶっ倒れていたんですよ。

坂井　酔っ払いのね。そこで「こっ、これは⁉」と！

——そう！「早くも水を買ってきて渡すチャンス‼」と色めき立って。

坂井　これ、意味がわかんないって人は先月の『KAMINOGE』を参照してください。そうそう、俺は見れると思ったんだよね。井上さんが酔っ払いを介抱して、「いいの、いいの、無理しないで。お水飲む？」って声をかけているところを。

——じつは声をかける前にすぐ近くにローソンがあることも確認済みでした。それで

「あのー、大丈夫ですか？」って声をかけたら、そばにすでに介抱していた人がいたんですよね。

坂井 いたね。野次馬レベルのサラリーマン風がね。

――「あのー、大丈夫ですか？」って言ったら、その介抱者がなんか毅然とした態度で「あっ、大丈夫です。ありがとうございます」って言ってきて。

坂井 なんかね、何かの勧誘をきっぱりと断るかのごとく。

――そう。ちょっと「ドヤ！」って感じを出してきたというか、「介抱してるの俺だから」みたいな。

坂井 「俺の手柄だから」みたいなね。

――あれは手柄を独占しようとしていたよね。

坂井 完全にしてた。水一本すら買ってきやしないくせに。

――なんの気も利かないのにいいポジションだけ取って、「あっ、大丈夫です。ありがとうございます」って、なぜかお礼を言ってきたんですよね。「お気持ちだけいただきます」みたいな感じの言い方で。

坂井 倒れた本人はお気持ちじゃなくてお水がいただきたいのにね。

――本当だよ。ほしいのは水なんだよ（笑）。

坂井 本当に水が必要な人って「いま必要なのは水です。水をください」って言えないからね。そんなこともわからないで、「いや、いいです。大丈夫です。ボクがいますんで。ありがとうございます」だもんね。断るときに「ありがとうございます」って言うヤツはやっぱダメですよ。威嚇系感謝ですよ。

――威嚇系感謝（笑）。

坂井 「いつもトイレを綺麗に使っていただきありがとうございます」みたいなね。

先に「ありがとうございます」って言うことで威嚇してきてるんですよ。あー、マジで俺は井上さんの「大丈夫、大丈夫。水飲む？」が生で見れると思ってワクワクしていたのになー！

――私の華麗な水バトンをね。

坂井 それなのに井上さんはあっさりと断られていて、すぐに気を取り直して「そんなことよりトイレ、トイレ」って言って走って行きましたよね（笑）。

「なぜ店探しを切り上げたがったのか、
なぜ収録を翌日にしたかったのか、
どうして嫌味めいたことを言ったのか」

――でも本当にすみませんでした。私がお水を買ってきて飲ませて介抱してあげているところを坂井さんに見てもらえなくて。それまで無駄な時間を過ごしたんだから、せめてそれくらいは見てほしかった。

坂井 じつはね、俺も反省してるんですよ。

――えっ？

坂井 いや、井上さんと一緒にどっかのカフェに行こうとなったら、ちょっと甘いものでもつまめるじゃないですか？ 井上さんは特に甘いものがお好きじゃないですか。

――そうですね。だって1軒目に目指したところはパンケーキのおいしいお店。

坂井 そうですよね。だから井上さんがトイレから出てきて、今日は解散ってなった瞬間に、俺は聞こえよがしに「今日はありがとうございました。あー、コンビニでも行こっ」って言っちゃったんですよね。

――はい？ いや、憶えてますけど、そのセリフに対して私は全然なんとも思わなかったよ。

坂井 あれは俺、井上さんに甘いものをごちそうになり損ねたから、「仕方がないから自腹で買っちゃお」みたいな。

――あれ、嫌味だったんだ（笑）。

坂井 いま思えばあれは嫌味だったなって

(笑)。嫌味のつもりで俺は独り言を言ってたなって。

——それ、感謝系威嚇じゃねえかよ(笑)。

坂井　威嚇系感謝ならぬね(笑)。

——こっちは嫌味を言われたとは気づかずに「あっ、俺も行く、行く」って一緒にコンビニに行っちゃったじゃん(笑)。

坂井　でね、あのとき俺はお食事系サラダみたいなのを買って、井上さんはやっぱり甘味を欲していたようで、どら焼きのなかにホイップクリームとコーヒープリンが入ったやつを買っていましたよね。

——いや、あんまり憶えてないですよ。

坂井　俺は憶えてますよ。なぜかと言うと、それを井上さんが買っていたのを見て「うまそうだな」と思ったんだけど、井上さんに真似したと思われるのが嫌で、1回しっかりと井上さんを見送ったあとにまたひとりでコンビニに戻ってまったく同じものを買ってからホテルに帰ったんですよ。食ったら、すげーうまかった!

——なんの話だよ。

坂井　それでね、もうひとつ今日は言わなきゃいけないことがあって。

——なんですか?

坂井　きのうの俺の本当の状態を言っていいですか? なぜ店探しを切り上げたがったのか、なぜ収録を翌日にしたかったのか、そしてどうして井上さんに嫌味めいたことを言ってしまったのか。

——いや、仕事で疲れていたからじゃないですか?

坂井　違うんですよ。あとから気づいたんですけど、俺、だいぶ酔っ払ってました……。

——えっ、そうだったんですか?

坂井　合流する前にお酒を飲んでました。いや、むしろお酒を飲んだ勢いで「俺、今日は東京にいますよ。これから会いますか?」って井上さんに連絡しちゃってました。

——おまえ、俺を抱く気か(笑)。

坂井　いや、そうだったんですわ。酔っ払ってたんですわ(笑)。

——じゃあ、酔っているときにクルマで都内をグルグルさせられて。

坂井　だいぶしんどかった。

——えっ、どうしてそれを隠すの? 強がってんの?

坂井　いや、失礼すぎると思って言えなかったんですよ。自分がけっこう酔っ払ってることにお伝えできませんでした。

——でも、それ、水を飲ませるチャンスだったじゃん。

坂井　そうなんですよ。俺が歩きながら倒れてたんですよ(笑)。

——アハハハ! 言えよ! じつはきのう、水をあげるチャンスが2回あったってことか(笑)。

坂井　「なんで井上さんはこんなに歩くのが速いのかな? 俺も今日はずっと歩いていたからけっこう速く歩けるのにな……」と思っていたけど、あれね、俺が酔ってたから錯覚してただけだった。

——いやいや、なんなら表参道あたりで最後に「じゃあ、今日はホテルまで送るよ」って言ったら、「いや、ここでいいですよ。逆にちょっと歩きたい」とか言ってて。そういえばたしかに酔っ払ってたよ。「逆に」って絶対に歩きたくないじゃん(笑)。

坂井　そのときもまだ酔っ払ってます。だからね、ホテルの部屋に戻って、水を飲んだらめちゃくちゃうまくて、すぐに復活した。やっぱ水がほしいときって「水がほしい」って言えないんですよねえ。

№148 KAMINOGE

次号 KAMINOGE149 は
2024 年 5 月 7 日（火）発売予定!

ROBIN
子どもの頃からそばにいた『キン肉マン』。
その『キン肉マン』がずっと闘い続けているんだから
もう誰も怠けられません。

2024 年 4 月 11 日
初版第 1 刷発行

発行人
後尾和男

制作
玄文社

編集
有限会社ペールワンズ
（『KAMINOGE』編集部）
〒 154-0011
東京都世田谷区上馬 1-33-3
KAMIUMA PLACE 106

WRITE AND WRITE
井上崇宏
堀江ガンツ

編集協力
佐藤篤
小松伸太郎
村上陽子

デザイン
高梨仁史

表紙デザイン
井口弘史

カメラマン
タイコウクニヨシ
橋詰大地

編者
KAMINOGE 編集部

発行所
玄文社
［本社］
〒 107-0052
東京都港区高輪 4-8-11-306
［事業所］
東京都新宿区水道町 2-15
新灯ビル
TEL:03-5206-4010
FAX:03-5206-4011

印刷・製本
新灯印刷株式会社

本文用紙：OK アドニスラフ　W A/T 46.5kg